ubu

OS PECADOS SECRETOS DA ECONOMIA

DEIRDRE MCCLOSKEY

TRADUÇÃO SERGIO FLAKSMAN
NOTAS LUCIANO SOBRAL

Introdução   7

VIRTUDES IDENTIFICADAS COMO PECADOS   11
PECADOS NÃO EXCLUSIVOS DA ECONOMIA   39
DOIS PECADOS QUASE EXCLUSIVOS DA ECONOMIA   51

Índice onomástico   75
Sobre a autora   77

Os pecados da economia não são os que costumam ser apontados pela média dos antropólogos, historiadores e jornalistas. Vista de fora, essa triste ciência parece *obviamente* poluída pelo pecado, apesar da irritante influência que conserva. Mas seus pecados mais óbvios nem são tão terríveis assim; ou, quando terríveis, são de qualquer forma os que todo mundo comete. Na verdade, são dois os pecados peculiares, nada óbvios nem habituais, os dois pecados secretos, que prejudicam hoje a atividade científica – na economia e em alguns outros campos (como a psicologia, a ciência política, a medicina e a biologia das populações).

Ainda assim, uma crítica benevolente que diga essas coisas, mas deseje que a economia que tanto ama finalmente cresça e comece a concentrar as energias na produção de uma ciência digna do nome (da maneira como a física, a geologia, a antropologia, a história ou certas áreas da crítica literária produzem ciência), acaba por se ver deploravelmente incompreendida. Os pecados veniais, mais corriqueiros, impedem o escrutínio dos pecados mais bizarros e mortais. Ai da pobre crítica benevolente, normalmente incompreendida como autora de alguma Crítica do Idiota: "Ah, entendi. Você é de humanas, essa gente avoada que *não suporta* números ou matemática". Ou "Ah, entendi. Quando você diz que a economia é 'retórica', quer dizer que os economistas deviam escrever num tom mais animado".

E isso, podem acreditar, é enlouquecedor. A crítica benevolente, ela própria economista, inclusive da Escola de Chicago,[1] conseguiu a duras penas – ao cabo de vinte

1 A chamada Escola de Chicago representa a vertente mais "pró-mercado" do debate acadêmico americano, defendendo a superioridade de resultados de alocação de recursos definidos por livres mercados, com mínima interferência do governo. A Escola de Chicago também é frequentemente

anos de procura lenta e exaustiva – reconhecer a ubiquidade dos Dois Pecados Secretos da Economia (que no fim das contas são um só, derivado do orgulho, como todos os pecados). E formulou sugestões construtivas no sentido de redimir a economia do pecado. Ainda assim, ninguém – nem um antropólogo, professor de inglês ou militante em qualquer outra área científica, o que seria de esperar, mas menos ainda algum economista ou praticante das ciências médicas – entende o que ela quer dizer, ou age de acordo com suas ideias.

associada, por influência sobretudo de Gary Becker, com o "imperialismo econômico" – o uso de ferramentas econômicas para o estudo de tópicos que geralmente são do domínio de outras ciências sociais. Seus principais intelectuais eram professores do departamento de economia na Universidade de Chicago, como Milton Friedman, Robert Lucas, Richard Posner entre outros ganhadores do Prêmio Nobel de Economia (nenhum outro departamento acumulou tantos prêmios, o que atesta sua enorme influência).

VIRTUDES ERRONEAMENTE IDENTIFICADAS COMO PECADOS

A QUANTIFICAÇÃO

A quantificação, porém, não é um pecado. Desde o berço, a ciência social vem acompanhada pelos números. Os aritméticos políticos ingleses William Petty e Gregory King, e os demais do final do século XVII (prenunciados no início do mesmo século, como em tantas outras coisas que consideramos inglesas, por alguns holandeses), queriam, acima de tudo, saber Quanto, Que total, Qual parte. Era uma obsessão totalmente inédita. Que se pode chamar de burguesa. *Quanto* custaria drenar os charcos de Somerset? *Qual parte* do que a Inglaterra auferia com o comércio exterior dependia da existência das suas colônias? *Que total* disso, e *Qual parte* daquilo? Cem anos mais tarde, o bem-aventurado Adam Smith ainda se perguntava *Quanto* os salários pagos em Edimburgo eram diferentes dos de Londres (demais), e *Quanto* as colônias adquiridas na época graças às guerras incessantes contra a França ao longo do século XVIII valiam para a Coroa (não muito). É surpreendente notar que, ao final do século XVIII, os diagramas estatísticos já tinham sido inventados; o que não surpreende é que não tenham sido inventados antes – mais um sinal de que o pensamento quantitativo era uma novidade, pelo menos no Ocidente (havia séculos que os chineses já vinham reunindo estatísticas sobre população e preços). Os Estados europeus, da Suécia a Nápoles, começaram no século XVIII a coletar estatísticas que pudessem lhes render preocupações: preços, população, balanças comerciais, circulação do ouro. A palavra "estatística" (derivada de "estado") foi cunhada por alemães e italianos entusiastas da ação estatal no início do século XVIII, apontando para uma história do uso dos números pelos Estados. Surgiu então a era da estatística, e tudo, das detenções pelo uso de drogas e das mortes devidas ao fumo, ao valor da vida e à classificação de crédito da vizinha ao lado, passou a ser objeto de expressão numérica.

O que se transformou numa espécie de loucura, é claro. Guias de turismo observam que os homens norte-americanos sempre querem saber a altura de cada torre, o número de tijolos que compõem cada muralha notável, quantas mortes ocorreram aqui, quantas pessoas viviam ali. Em 1775, Samuel Johnson revelou-se típico do seu tempo e do seu gênero ao registrar o tamanho de tudo que encontrava numa viagem pelo oeste da Escócia (usava sua bengala como instrumento de medida). Na década de 1850, os críticos conservadores do capitalismo, como Charles Dickens, já demonstravam grande irritação com a estatística:

Sr. Thomas Gradgrind – peremptoriamente, Thomas – Thomas Gradgrind. Com uma régua e uma balança, e a tabuada sempre no bolso, senhor, pronto para pesar e medir qualquer parcela da natureza humana, e dizer o resultado exato. É uma mera questão de números, um caso de simples aritmética.

[...]

"Pai", insistiu ela, "o sr. Bounderby pede que eu o ame?"

"[...] A resposta depende tão materialmente do sentido que atribuímos a essa expressão. Ora, o sr. Bounderby não lhe faz a injustiça, e não faz a si mesmo a injustiça, de pretender que haja algo fantástico, fantasioso ou (uso termos sinônimos) sentimental. [...] Portanto, talvez a expressão em si – somente sugiro, minha querida – pode ser um pouco inadequada."

"O que o senhor aconselha-me a usar no lugar dela, pai?"

"Ora, minha querida Louisa", disse o sr. Gradgrind, já completamente recuperado àquela altura, "aconselho (já que me pede) que considere a questão, como foi acostumada a considerar qualquer outra, simplesmente como uma questão de Fatos tangíveis. Os ignorantes e os tontos podem dificultar tais assuntos com fantasias irrelevantes, e outros absurdos inexistentes, quando são vistos de maneira adequada – inteiramente inexistentes; porém, não é elogio dizer-lhe que você tem compreensão superior a isso. Ora, quais são os Fatos neste caso? Você tem, digamos, em números redondos, vinte anos de idade; o sr. Bounderby tem, digamos, em números redondos, cinquenta [...]. Então, surge a pergunta: essa única disparidade é suficiente para constituir obstáculo ao casamento? Ao considerarmos essa pergunta, não é desimportante levarmos em conta as estatísticas sobre o casamento, tal como foram obtidas, até o momento, em Gales e na Inglaterra. Observo, em referência aos números, que na maioria das vezes esses casamentos são contratados entre partes de idades muito desiguais, e que a mais velha dessas partes contratantes é, em mais de três quartos desses exemplos, o noivo. É notável, por demonstrar a ampla prevalência dessa lei, que, entre os nativos das colônias britânicas na Índia, e também em parte considerável da China, e entre os calmuques da Tartária, os melhores meios de cômputo, a nós oferecidos por viajantes, rendam resultados semelhantes."[1]

É certo que a contagem, o cômputo, pode ser uma ferramenta dos idiotas, ou do Demônio. Entre os vestígios mais perturbadores do campo de extermínio de Auschwitz estão os livros em que os carrascos voluntários de Hitler mantinham registros sobre cada indivíduo que exterminavam.

A teoria formal e matemática da estatística foi inventada em grande parte na década de 1880 por eugenistas (esses racistas

1 Charles Dickens, *Tempos difíceis*, trad. José Baltazar Pereira Júnior. São Paulo: Boitempo, 2014.

ilustrados que se encontram na origem de tanta coisa nas ciências sociais) e aperfeiçoada no século XX por agrônomos (isso mesmo, agrônomos – em lugares como a estação experimental agrícola de Rothamsted, na Inglaterra, ou a Universidade do Estado de Iowa). A estatística, recém-matematizada, transformou-se num verdadeiro fetiche entre todas as novas candidatas a ciência. Ao longo da década de 1920, nos primórdios da sociologia, a quantificação era um meio de reivindicar uma posição mais destacada, como também ocorreu com a economia, que acabara de se livrar do nome antigo de economia política, e a psicologia, pouco antes separada da filosofia. Nas décadas de 1920 e 1930, até os antropólogos sociais, esses homens e mulheres dados aos caprichos, à fantasia ou (e emprego aqui termos sinônimos) ao sentimentalismo, eram dados à contagem de cocos.

E os economistas – ah, os economistas –, como computavam, e ainda computam. Basta pegar qualquer número da renomada *American Economic Review* à mão (vocês hão de ser assinantes) e abri-lo ao acaso. Vão se deparar, talvez, com Joel Waldfogel, "O peso morto[2] no Natal" (sem brincadeira: dezembro de 1993; Waldfogel afirma que, como os presentes não são escolhidos por seus destinatários, nunca valem o que gasta o presenteador, o que resulta numa perda se compararmos a compra a uma simples remessa de dinheiro. Quem não se apaixonaria por tal abordagem científica do Princípio da Prudência?). À página 1331, encontramos no artigo a seguinte tabela:

2 "Peso morto" se refere à perda gerada pela alocação imperfeita de recursos em um mercado.

PREÇOS PAGOS EM MÉDIA E VALORES DOS PRESENTES

VARIÁVEL	PESQUISA 1	PESQUISA 2
Preço pago ($)	438,2	508,9
Valor ($)	313,4	462,1
Percentual do valor médio sobre a média do preço pago	71,5	90,8
Número de presenteados	86	58

É uma mera questão de números, um caso de simples aritmética.

Refutação: Mas, no fim das contas, basta pensar. Quando vocês *querem* contar os seus cocos, ou computar o valor em dinheiro dos seus presentes de Natal, faz sentido dedicar-se à tarefa da melhor maneira possível. Muitas das coisas que queremos saber se apresentam numa forma quantitativa. Importa saber – não em termos absolutos, aos olhos de Deus, mas para determinadas finalidades humanas – quanto irá chover amanhã, ou quanto choveu ontem. Por sólidas razões de ordem prática e espiritual, desejamos às vezes saber *Quanto*. Quantos escravos foram retirados da África? Talvez 29 milhões (a Grã-Bretanha, no auge do tráfico negreiro, tinha cerca de 8 milhões de habitantes), mais da metade dos quais destinada ao Oriente, e não ao Ocidente – tendo atravessado o Saara ou o oceano Índico, e não o Atlântico. Como era a vida em Cuba, submetida ao comunismo e ao bloqueio americano? A renda *per capita* em Cuba caiu um terço de 1959 para cá, enquanto na República Dominicana, no Chile, no México, no Brasil, na verdade na América Latina e no Caribe como um todo, mais que duplicou. A quanto monta hoje a imigração para os Estados Unidos? É menor, em relação à população total, do que era em 1910. E assim por diante. E mais. E ainda mais.

(Pode-se ver pelos exemplos que, aqui, não estamos afirmando que os números, por sua simples natureza, são especialmente "objetivos", seja qual for o significado exato desse termo da filosofia popular, ou "não políticos", ou "científicos". Os números são da ordem da retórica, isto é, voltados para a persuasão humana. Numa cultura da persuasão, concordamos em atribuir um significado a este ou àquele número, que em seguida irá nos persuadir desta ou daquela visão sobre a matéria. Seixos são abundantes, como disse Richard Rorty; a verdade dos fatos, nem tanto. Depende da nossa decisão humana contar, pesar ou misturar os seixos ao compilar os fatos sólidos.)

Os economistas costumam escolher seu ofício graças a um amor pronunciado pelos números. Como diz a piada, "Sou economista; se tivesse mais personalidade, seria contador". Um argumento estatístico sempre impõe respeito nos Departamentos de Economia. Muitos não economistas, ao contrário, têm medo dos números, não gostam deles, atribuem-lhes um caráter desonroso e ficam confusos e irritados em sua presença. Mas há questões importantes que só podem ser respondidas em forma numérica. E pode-se ajudar a esclarecer muitas outras questões com a ajuda dos números. A idade de vocês, um número, não é o único fato que importa a seu respeito, e certamente está longe de ser tudo que vocês Significam ("Você tem, digamos, em números redondos, vinte anos de idade; o sr. Bounderby tem, digamos, em números redondos, cinquenta"). Mas é um número útil para muitas finalidades – em conversas do dia a dia, por exemplo; em consultas médicas, também; e, sim, mesmo no que diz respeito ao casamento. É humanamente útil saber que vocês cresceram nos anos 1950 e chegaram à maioridade em meio à liberação da década de 1960, ou se completaram sessenta anos no dia 11 de setembro de 2002 (parabéns pelo aniversário). A temperatura não é a única medida de um dia bom. O vento, a intensidade do brilho do sol, os acontecimentos humanos e o significado atribuído a eles pelos seres humanos também fazem diferença. Que este seja o mês e esta a gloriosa manhã da natividade de Cristo significam mais que a temperatura de -1°C. Mas vale a pena saber que a temperatura naquele dia abençoado não foi de 273,15 graus negativos nem de 100 graus acima de zero.

De maneira que contar não é um pecado da economia. É uma virtude.

A MATEMÁTICA

Nem a matemática é um pecado. A matemática não é idêntica à mera contagem ou à estatística. Os jornais dão risada quando encontram um matemático que não consegue manter em dia o canhoto de seu talão de cheques, mas isso não passa de um mal-entendido quanto ao que seja a atividade dos matemáticos. Houve entre estes alguns calculistas famosos, como o suíço Leonhard Euler, do século XVIII (que também sabia de cor toda a *Eneida* – em latim, naturalmente). Mas, por mais estranho que possa parecer, a maior parte da matemática não tem nada a ver com os *números* propriamente ditos. Euler usava o cálculo da mesma forma que os matemáticos de hoje usam computadores, para vez ou outra pôr à prova suas ideias quanto ao desenvolvimento do que os matemáticos adoram definir como uma prova *real* de fatos incríveis, como $e^{\pi i} + 1 = 0$ (e portanto Deus existe). Vocês podem obter uma prova "real", o estilo de demonstração desenvolvido pelos gregos (que você conheceu quando estudou geometria na escola secundária, amando ou odiando a matéria), sem tomar conhecimento de um número sequer, ou nem mesmo de um exemplo concreto. Assim: o teorema de Pitágoras é verdadeiro para *qualquer* triângulo retângulo, quaisquer que sejam suas dimensões, e é provado não por indução a partir de muitos ou mesmo zilhões de exemplos numéricos de triângulos retângulos, mas de maneira universal e para todo o sempre, Deus seja louvado e Seu nome glorificado, por uma dedução a partir de premissas. Caso aceitem as premissas, vocês terão aceitado o teorema. *Quod erat demonstrandum.*

A estatística ou outros métodos quantitativos usados na ciência (como a contagem, a experimentação ou a simulação) respondem, indutivamente, *Quanto*. A matemática, por contraste, responde dedutivamente *Por quê* e, numa versão mais refinada e filosófica muito popular entre os matemáticos desde o início do século XIX, *Se*. "*Por que* uma pedra jogada do alto de uma torre cai cada vez mais depressa?" Bem, é que $F = ma$, entende? "Eu me pergunto *Se* a massa m da pedra tem algum efeito no caso." E a verdade é que sim: perceba que existe ali uma letrinha m na resposta à pergunta *Por quê*.

Mas perguntar Por quê / Se não é a mesma coisa que perguntar Quanto. Vocês podem saber que deixar de se lembrar do aniversário de seu par amoroso vai ter algum efeito em sua relação (*Se*), e até entender que esse ou aquele efeito do esquecimento se deve a certo mecanismo psicológico – "Você não me ama a ponto de saber que eu *dou importância* ao meu aniversário?" (*Por quê*). Mas para saber *Quanto* esse esquecimento irá prejudicar sua relação, vocês precisam de números, dos *m*s e dos *a*s, por assim dizer, e

de alguma noção da grandeza que representam. Mesmo que saibam *Por quê* (conhecendo a teoria adequada sobre os canais por onde opera o esquecimento de um aniversário; novamente, por analogia, $F = ma$), o *Quanto* irá depender exatamente, numericamente, quantitativamente, do quão sensível é, na verdade, este ou aquele componente do *Por quê* na alma do seu par: do valor que, nesse caso, têm o *m* e o *a*. E, num mundo real, essa sensibilidade, como sempre dizem os cientistas, é uma questão empírica, e não teórica. "Está certo, seu babaca, foi a gota d'água: vou sair de casa" ou "Nem se preocupe, amor: eu sei que você me ama" diferem na sensibilidade, no *Quanto*, no efeito quantitativo, na magnitude, na massa, no impacto.

Desde seus primórdios, a economia tem sido quase sempre "matemática", na medida em que se interessa por discussões do tipo *Por quê/Se sem levar em conta Quanto*. Por exemplo: quando vocês compram pão de forma no supermercado, tanto vocês quanto o supermercado (e seus acionistas, seus empregados, seus fornecedores de pão) saem ganhando em alguma medida. Como eu sei disso? Porque o supermercado oferece voluntariamente o pão, e vocês aceitam a oferta também voluntariamente. E isso deve ter melhorado alguma coisa para os dois, seja pouco ou muito – pois de outro modo vocês não teriam concluído a transação.

Faz muito tempo que os economistas se apaixonaram por esse argumento tão simples. Mas, do século XVIII para cá, levaram-no um passo à frente, um passo dramático e crucial: isto é, *deduziram* alguma coisa a partir dele, a saber: *O livre comércio é bacana*. Se cada transação entre vocês e o supermercado, entre o supermercado e Smith, entre Smith e Jones e assim por diante produz algum benefício para ambos (menor ou maior: não estamos falando aqui de quantidades), então (e atenção para o "então": isto aqui é uma dedução, afinal de contas) o livre comércio entre a totalidade do povo francês e a totalidade do povo inglês também produz benefícios. E, portanto (atenção para o "portanto"), o livre comércio *entre dois grupos quaisquer* também é bacana. E o economista assinala que, se todas as transações são voluntárias, todas representam algum ganho.[3] Assim, o livre comércio é bacana em todas as suas formas. Por exemplo, uma lei que estabeleça restrições quanto à permissão para ingressar no negócio farmacêutico é má ideia, porque o livre comércio é bom, e então um comércio não livre é ruim. A proteção aos trabalhadores franceses é ruim, porque o livre comércio é bom. E assim por diante, levando a literalmente milhares de conclusões cruciais para a definição de diretrizes de governo.

Embora esse argumento figure entre os três ou quatro mais importantes da economia, ele não é empírico. Não contém qualquer afirmação em relação a *Quanto*. Afirma que *existe* um ganho no comércio – lembrem-se das expressões *algum benefício, menor ou maior* ou *não estamos falando aqui de quantidades*. "Eu me pergunto *Se* o livre comércio tem um efeito positivo [na quantidade *que for*]." Sim, esse efeito existe: examinem esta página de matemática; vejam este diagrama; escutem minha parábola irresistível sobre vocês e o supermercado. Não perguntem *Quanto*. O raciocínio é do tipo *Por quê/Se*. Da maneira como é formulado, não há como estar errado, tal qual o teorema de Pitágoras. Não é uma questão de aproximação, não é uma questão de *Quanto*. É um encadeamento lógico que parte de axiomas implícitos (que podem

3 Essa afirmação deriva do primeiro teorema de bem-estar que afirma que o mercado tende a se equilibrar de maneira eficiente (a famosa mão invisível de Adam Smith), portanto as transações sempre são, de alguma maneira, vantajosas para as partes envolvidas. Ou seja, o padeiro não faz pão por benevolência nem o consumidor compra por generosidade, mas a transação ocorre porque é vantajosa para todos.

ser e já foram explicitados, em toda a sua variedade infinita) e chega a uma conclusão *qualitativa* "rigorosa" (em *sua* variedade infinita). Basta lembrar as palavras "então", "portanto" e "assim". A partir desse ou daquele conjunto de alegações ou axiomas, *A*, a conclusão, *C*, só pode ser que as pessoas ganham alguma coisa. *A* implica *C*, e assim o livre comércio é benéfico em qualquer lugar. (Por favor, prestem atenção, e parem de perguntar "*Quanto?*": quantas vezes preciso lembrar que esse raciocínio é qualitativo, e não quantitativo?)

Os filósofos dizem que esse tipo de coisa é um raciocínio "válido", o que não quer dizer que seja propriamente "verdadeiro", mas que "decorre dos axiomas – se vocês acreditam nos axiomas, tais como *A*, então *C* também deve ser verdade". Se vocês acreditam que qualquer transação individual concluída voluntariamente é boa, então, com mais algumas premissas extras (por exemplo, quanto a qual seja o sentido de "voluntariamente"; ou, por exemplo, sobre como o bem de uma pessoa depende do de outra), podem chegar à conclusão de que o livre comércio internacional entre as nações é bom.

O raciocínio do tipo *Por quê / Se*, que também é característico dos Departamentos de Matemática, pode ser chamado de filosófico. O Departamento de Matemática e o Departamento de Filosofia demonstram um fascínio semelhante pela dedução, e um tédio equivalente diante da indução. Estão pouco ligando para *Quanto*. Nada de fatos, por favor: somos filósofos. Nada de números, por favor: somos matemáticos. No Departamento de Filosofia, o relativismo pode estar ou não aberto a uma refutação vinda de uma contradição interna. Nunca é *um pouco* refutado. Ou é derrubado ou não é. No Departamento de Matemática, a conjectura de Goldbach, de que todo número par é a soma de dois números primos (por exemplo, $24 = 13 + 11$; experimentem), ou é verdadeira ou é falsa (ou, para introduzir uma terceira possibilidade admitida desde a década de 1930, insolúvel). Supondo que haja uma solução, o que está em questão não é *Quanto*. Nos domínios do *Por quê/Se*, nos Departamentos de Matemática ou Filosofia, ou em certas partes do Departamento de Economia, não é possível alguém estar ligeiramente grávida.

O argumento em favor do livre comércio é fácil de definir em termos que qualquer um classificaria de "matemáticos". Desde cerca de 1947, a linha de frente, mais tarde o dominante, e nos dias de hoje o arrogante e feliz consigo mesmo, além de altaneiramente intolerante, embora notavelmente improdutivo, programa científico de economia tem sido reformular os argumentos verbais (mas ainda filosóficos/matemáticos, isto é, *qualitativos* – ou seja, do tipo *Por quê/Se*), dando-lhes a feição de símbolos, variáveis e diagramas, teoremas de ponto fixo e coisas semelhantes. Esse programa é chamado de "samuelsoniano" em homenagem a Paul Anthony Samuelson,[4] um nativo de Gary, Indiana, que foi a terceira pessoa a receber o Prêmio Nobel de Economia. Ele e seu cunhado Kenneth Arrow[5] (a quinta das cerca de cinquenta pessoas que receberam o mesmo fulgurante prêmio entre 1969

4 O livro de Samuelson mencionado por McCloskey é tido como o pioneiro no uso predominante da matemática como ferramenta de análise econômica – de acordo com Stanley Fischer (foi vice-presidente do Banco Central americano e um dos mais influentes macroeconomistas vivos), "Samuelson trouxe a economia de seu modo de análise verbal e diagramático pré-1930 aos métodos de argumentação matemáticos e quantitativos que hoje dominam nosso discurso". Samuelson também é o autor de *Fundamentos da análise econômica*, texto de economia mais popular da história, traduzido para mais de quarenta idiomas e com milhões de cópias vendidas.

5 Arrow foi o mais jovem ganhador do Prêmio Nobel de Economia e é tido como um dos principais desenvolvedores de ferramentas analíticas econômicas do século XX.

e 2001) foram as figuras de ponta do movimento em favor da explicitação da matemática em economia, enfrentando uma forte oposição. Foram destemidos pioneiros (o sobrinho de ambos, Lawrence Summers,[6] o príncipe herdeiro da economia moderna, chegou a secretário do Tesouro dos Estados Unidos e presidente de Harvard). Em 1947, Samuelson deu o tom ao publicar sua tese de doutoramento (concluída em 1941), modestamente intitulada *Foundations of Economic Analysis* [Fundamentos de análise econômica]. Em 1951, Arrow conduziu a economia a domínios ainda mais elevados da matemática com sua tese de doutoramento, *Social Choice and Individual Values* [Escolha social e valores individuais]. Seus inimigos, alguns dos quais ainda em atividade, afirmam, em uníssono com os humanistas: "Que coisa. Toda essa matemática é difícil demais, desumana demais. Queremos palavras. Sentimentos. Queremos uma argumentação verbal, uma narrativa verbal. Ou até um que outro número. Mas não essas novidades de x e y. Isso me deixa com dor de cabeça".

Refutação: Mas vamos pensar melhor. Não há absolutamente nada de novo no uso do raciocínio dedutivo em economia. Ele não se iniciou em 1947. É mais provável que tenha sido em 1747 (na verdade, foi em torno dessa época que David Hume, na Escócia, e os fisiocratas, na França, se dedicavam à invenção de argumentos filosóficos, inteiramente qualitativos, do tipo *Por quê/Se*, sobre a economia). Deduzir conclusões às vezes surpreendentes, mas de qualquer maneira logi-

6 Summers causou grandes controvérsias por onde passou: foi obrigado a sair do Banco Mundial, onde era economista chefe, depois do vazamento de um memorando interno sobre a possibilidade de países africanos importarem e armazenarem lixo dos outros países para melhorarem sua balança comercial. Também foi obrigado a sair da presidência da Universidade Harvard depois de afirmar que mulheres não estavam em áreas de engenharia e ciência por falta de aptidão.

camente válidas (embora nem sempre verdadeiras) a partir de certas premissas sobre a economia, é um jogo que os economistas sempre adoraram. E se vocês *querem* conectar uma coisa à outra, deduzir as conclusões *C* das alegações *A*, apoiar o livre comércio a partir da descrição de um consumidor autônomo, por que não fazê-lo de maneira universal, e por todos os tempos? Por que não, perguntam Samuelson, Arrow e o resto, com muita justiça, fazê-lo do jeito certo?

É verdade que, para finalidades práticas como a medição de plantações de cereais, funcionaria tão bem como a prova pitagórica dos gregos usar uma prova-por-cálculo de estilo babilônio, mostrando que as somas dos quadrados dos catetos de zilhões de triângulos parecem sempre muito próximas dos quadrados das respectivas hipotenusas. O mesmo pode ser dito em favor do teorema do livre comércio, assinalando, por exemplo, que a grande zona interna de livre comércio chamada Estados Unidos da América ainda tem uma renda média muito mais alta (de 20% a 30% mais alta) que outros países bem administrados e diligentes como o Japão ou a Alemanha, os quais insistem em impor restrições maiores ao comércio interno, como a proteção aos pequenos varejistas. E é bem verdade que o aperfeiçoamento dos computadores vem tornando os cálculos ao estilo babilônico, ou "cálculos por força bruta" (como são chamados com desprezo pelos matemáticos), mais baratos que as formulações elegantes ("soluções analíticas", como dizem os mesmos em tom de enlevo). A economia, como muitos outros campos – a arquitetura, a engenharia –, está em vias de ser revolucionada pela computação.[7]

7 Para se aprofundar no assunto, ver o artigo de Joshua Angrist e Jörn-Steffen Pischke "The Credibility Revolution in Empirical Economics: How Better Research Design is Taking the Con Out of Econometrics" de 2010.

Mas se, além dos fatos em estado bruto ou da aproximação numérica, existe uma fórmula elegante e exata – $F = ma$, ou $E = mc^2$, ou, para dar um exemplo um pouco menos elegante tirado da economia, $1 + i_{eua} = (e_{forward} / e_{spot})(1 + i_{frança})$, também chamada de fórmula da "paridade coberta de juros" –, por que não usá--la? Claro, qualquer dedução depende da validade das premissas. Se uma porcentagem suficiente de arbitradores nos mercados de papéis e de moedas da França e dos Estados Unidos são uns idiotas preguiçosos, a paridade coberta dos juros não irá funcionar. No entanto, da mesma forma, qualquer *indução* depende da validade dos *dados*. Se a amostra usada para avaliar a eficácia da mamografia na prevenção da morte prematura for tendenciosa, as conclusões estatísticas não se sustentarão. Qualquer cálculo depende da validade dos dados usados e das premissas. Se tivermos lixo na entrada, obteremos lixo na saída.[8] Como dizem os jovens, tudo depende. O que é apenas natural: nós, mortais, não fomos agraciados com a bênção da certeza.

De maneira que a matemática, também, não é o pecado da economia, mas, em si, uma virtude. Obter deduções corretas é obra do Senhor, se não a *única* obra favorecida pelo Senhor. Como todas as virtudes, pode ser levada longe demais e, não sendo contrabalançada por outras virtudes, transformar-se em pecado, a obra do Diabo. Mas o mesmo ocorre com todas as virtudes.

8 Trata-se de um dos princípios mais longevos da ciência da computação, remontando a Charles Babbage, que criou o princípio do computador programável.

AS POSIÇÕES POLÍTICAS LIBERTÁRIAS

E tampouco a devoção ao livre mercado é pecaminosa. Tal como ocorre com a indução quantitativa e a dedução filosófica, a economia sempre teve uma finalidade política, e essa finalidade geralmente tem sido libertária. Os economistas são loucos pela liberdade, ou seja, encaram com desconfiança qualquer plano de inspiração advocatícia que proponha resolver algum problema com novas estipulações estatais ou o alongamento de sentenças de prisão. Em suas origens filosóficas, entre os fisiocratas de Paris e os filósofos morais de Edimburgo, a economia era favorável ao livre mercado e manifestava suspeitas ante Estados de tamanho excessivo. E, de maneira geral, ainda se comporta assim. Deixem as coisas correrem por conta própria – *laissez-faire*. Esse tem sido o lema dos economistas, contraposto à intervenção do Estado. Que comecem as compras e vendas.

É bem verdade que nem todos os economistas são partidários do livre comércio. Os adversários, muitas vezes europeus e, nos dias de hoje, desproporcionalmente franceses, afirmam que é possível formular outros axiomas quanto ao funcionamento do comércio, A', chegando a outras conclusões, C', bem menos favoráveis ao *laissez-faire*. O teorema do livre comércio, que pode soar tão bem, é na verdade muito fácil de refutar. Vamos supor que uma grande parte da economia – digamos, em casa – seja, como dizem os economistas, "distorcida" (por exemplo, imaginem que em suas casas as pessoas façam as coisas por amor – por aí dá para ver quanto pode ser peculiar a ideia de "distorção" para os economistas). Daí decorre rigorosamente (ou seja, matematicamente) que o livre comércio em *outros* setores (por exemplo, na indústria) *não* será a melhor das escolhas. Na verdade, pode ser mais prejudicial para a média das pessoas que um comércio restrito, protegido e tarifado.

E é claro que as pessoas normais – ou seja, os não economistas – não estão convencidas de que o livre comércio seja a melhor opção em todas as ocasiões e em toda parte. Por exemplo, a maioria das pessoas tende a achar que o livre comércio é ruim para o produto ou o serviço que *elas* fornecem. Então vamos cuidar, da maneira que for, que meu padeiro e meu farmacêutico precisem concorrer com todo o vigor, ou mais, com toda a brutalidade, para que eu possa comprar pelo preço mais baixo possível as minhas rosquinhas doces e também minha vitamina E (para compensar o efeito das roscas). Mas, aqui entre nós, acho que devíamos bloquear o ingresso à profissão de economista: é escandaloso, e tenho certeza de que vocês hão de concordar, que tantos charlatães desqualificados estejam enganando os consumidores com uma ciência econômica adulterada, muito diferente das ideias econômicas puras que procuro fornecer aqui, a um preço tão razoável.

E muitas pessoas normais com opiniões de esquerda, mesmo depois do comunismo, mesmo depois de tantas experiências desastrosas de planejamento central, mesmo depois de fazer uma viagem de trem pela Amtrak ou utilizar os serviços dos Correios dos Estados Unidos (para não falar do atendimento da Receita Federal ou do Serviço de Imigração e Naturalização; e vocês podem ver que também me permito uma certa indignação: no fim das contas, sou uma economista adepta do livre mercado), ainda acreditam que o Socialismo Merece uma Oportunidade. É óbvio, acham elas, que no fim das contas o socialismo é mais justo que um capitalismo irrestrito. É óbvio que é preciso adotar uma regulamentação para restringir o monopólio. Mas elas não percebem que o livre mercado já acabou com parte da desigualdade (por exemplo, entre homens e mulheres; eu disse "parte") e minou boa parte dos monopólios (por exemplo, os monopólios locais de varejo), multiplicando por dezoito, ao longo de dois séculos, a renda dos mais pobres. O pecado da economia, pensa o pessoal de esquerda, é exatamente seu viés favorável ao livre mercado.

Refutação: Entretanto, meus queridos amigos da esquerda, pensem um pouco melhor. É fato que existem argumentos sérios contra a intervenção governamental e a favor do mercado. Pode ser que não sejam arrasadores; pode ser que tenham imperfeições aqui e ali; mas vamos conversar um pouco a respeito; hummm, entendo o que vocês querem dizer; mas são argumentos sérios que as pessoas sérias deviam levar a sério. E *vão além* de um mero republicanismo de clube de golfe (o qual, diga-se de passagem, é altamente favorável à intervenção do governo em apoio aos sócios do clube, como os sócios de primeira hora que administravam a Enron,[9] por exemplo). Os argumentos em favor do mercado são, ao contrário, populistas e igualitários, de um libertarismo que respeita os indivíduos e defende o fim das más instituições. Não esperem que o governo resolva seus problemas, disse Adam Smith. Como ele não disse, recorrer ao governo é o mesmo que encarregar a raposa de cuidar do galinheiro. A regra de ouro é que os donos do ouro ditam as regras: então não esperem que um governo formado por homens vá ajudar as mulheres, ou que um governo dirigido por executivos da Enron vá tomar o lado dos funcionários da empresa.

O libertarismo é típico da economia, especialmente das economias de língua inglesa, e mais especialmente da economia americana. Os americanos, na maioria, quando conseguem se desembaraçar de certos erros europeus, são libertários radicais por baixo da pele. Querem liberdade. A doce terra da liberdade. Viver

9 O "escândalo Enron" levou à falência da empresa de energia americana Enron em 2001. Uma série de fraudes corporativas, falta de transparência e práticas de contabilidade criminosas, levou a empresa – uma das maiores empresas de energia – a fechar as portas. Os executivos responsáveis pagavam a si próprios salários milionários e poucos deles tiveram penas judiciais. Para mais informações sobre o caso ver o filme de Alex Gibney *Enron: os mais espertos da sala* (2005).

livre ou morrer (um habitante de New Hampshire que decidiu dispensar essa divisa do estado – *Live free or die* – na placa do seu carro, e insistiu em cobri-la com fita isolante, acabou... preso: eis nosso amigo, o Estado, em ação).

Mas, ai de nós, não temos tempo, não temos tempo. Bibliotecas de livros foram escritas para destrinchar os numerosos e ponderáveis argumentos em favor do mercado e contra o socialismo. Recomendo a leitura cuidadosa de alguns desses livros, entre eles *O Lexus e a oliveira*, de Thomas Friedman, ou, se vocês tiverem um gosto mais acadêmico, qualquer das obras de Milton Friedman (Nobel de 1976). E, por favor, todos sempre podem frequentar o deleitável, embora trabalhoso, curso que leciono na Universidade de Illinois, em Chicago, chamado "Economia para Estudantes Avançados de Humanidades", em que descrevo as principais discussões em andamento na área. Na verdade, que a pessoa com uma informação literária média acredite que as primeiras páginas do *Manifesto comunista* lhe bastam em matéria de conhecimento econômico e de história da economia, pelos quais professa ter grande interesse, é quase escandaloso. Impressiona que a maioria dos professores e jornalistas, de 1900 para cá, não tenha sequer *dado ouvidos* aos argumentos contra a entrega da economia a policiais, carcereiros e burocratas, e reaja escandalizada quando algum rude economista da Escola de Chicago aparece sugerindo a legalização da maconha, a abertura das fronteiras nacionais e o estímulo à competição entre escolas públicas. No começo da minha carreira, já estraguei muitas reuniões sociais ao deixar escapar ideias dessa ordem. De lá para cá adquiri algum traquejo ou polidez adicional, ou talvez tenha apenas acumulado mais cansaço.

Mas digo, como disse um Cromwell extenuado à assembleia geral da Igreja da Escócia no dia 3 de agosto de

1650: "Eu vos suplico, pelas entranhas de Cristo, que admitais a possibilidade de estardes enganados".

Ah, permitam-me uma curta digressão libertária. Segundo o economista peruano Hernando de Soto, estudioso do desenvolvimento, a obtenção de todos os documentos necessários para a abertura de um pequeno negócio em Lima, além da visita a todas as repartições governamentais envolvidas, exigiu *289 dias* de uma equipe de pesquisadores trabalhando seis horas diárias. Obter uma licença para a construção legal de uma casa em terras de propriedade do governo (terras à venda, não mantidas pelo governo em nome da população) levou quase *sete anos*, requerendo 207 passos administrativos e a visita a 52 repartições governamentais. No Egito, a obtenção das licenças necessárias para construir uma casa em terras agrícolas pode levar de *seis* a *onze anos*. No Haiti, a compra de terras do governo pode levar *dezenove anos*.

E essa obstrução governamental não é peculiar às nações do Terceiro Mundo nos dias de hoje. Numa única década do século XVIII, segundo o economista e historiador sueco Eli Heckscher em seu livro *Mercantilismo*, de 1932, o governo francês mandou dezenas de milhares de almas para as galés e *executou 16 mil pessoas* (mais ou menos 4,4 por dia, ao longo de dez anos; vejam a beleza do pensamento estatístico) pelo crime hediondo de... estão prontos para ouvir a infração inominável cometida por esses inimigos do Estado, plena justificativa para enforcar cada um desses malditos?... *importar tecido estampado de chita.* Os Estados não mudam muito de era para era. Lawrence Wylie descreve a atitude de um burocrata francês da década de 1950: "Se o público fala mal de mim, cago serenamente para todos. A queixa só faz provar o valor do meu cargo e dos meus métodos. Quanto mais cagamos para o público, mais bem servido é o Estado".

Em vista de tudo isso – do impacto sinistro das intrusões governamentais que, em todo mundo, esmagam transações inofensivas (e, na verdade, benéficas) envolvendo da maconha à chita estampada –, pode ser que o *laissez-faire* não pareça mais um pecado tão óbvio, não é?

Pensem um pouco, meus caros amigos de esquerda. Leiam e reflitam. Eu vos suplico que admitais a possibilidade de que, assim como a estatística e a matemática, o libertarismo da economia seja uma virtude.

PECADOS VENIAIS, FÁCEIS DE PERDOAR

Nem passo perto de querer defender a economia como um todo, quanto mais seus Dois Grandes Pecados Secretos. Mas vocês precisam entender que os economistas têm seus motivos para agir do jeito irritante como agem, muitas vezes motivos bastante justos.

Por exemplo, entre as características mais surpreendentes e irritantes da economia (depois que as pessoas entendem o que está acontecendo) está seu foco obsessivo, monomaníaco, num modelo de humanidade dominado pelo Princípio da Prudência. É difícil para alguém de fora acreditar. Tudo, simplesmente tudo, do casamento a um homicídio, é visto por um economista moderno como passível de explicação como uma manifestação de Prudência. Os seres humanos são vistos como máquinas de calcular cujos objetivos são a Prudência, o Preço, o Proveito (ou lucro), a Propriedade e o Poder – as "variáveis P", como poderíamos defini-las. Essa obsessão com as variáveis P vem desde Maquiavel e Hobbes, passa por Bernard Mandeville (anglo-holandês, espião e autor de panfletos do início do século XVIII), é sistematizada por Jeremy Bentham (economista ativo no início do século xix, um dos formuladores do utilitarismo) e é finalmente aperfeiçoada por economistas do século xx, entre eles o mesmo Paul Samuelson (nascido em 1915), que dá plena formalização à ideia com um curioso personagem conhecido como Max U,[10] e o grande Gary Becker (nascido em 1930), que se dedicou ao tema o máximo que pôde.

Becker (Nobel de 1992), professor de economia e sociologia na Universidade de Chicago, pergunta, por exemplo, por que as pessoas têm filhos. E responde: *porque os filhos são bens duráveis.* Custam caro, e levam tempo, para produzir e sustentar, como uma casa. Só dão retorno ao fim de certo prazo, como um carro. Têm um limitado mercado de revenda, como as geladeiras. E funcionam como estoque de valor, prevenindo calamidades futuras, como objetos de ouro ou um anel de diamante que se possa empenhar. Assim (e vocês vão sentir um solavanco lógico aqui; o mesmo que David Hume percebeu em Mandeville e Hobbes), o número de filhos que as pessoas têm se reduz a uma questão de custo e benefício, como a compra de uma casa, de um carro, de uma geladeira ou de um diamante. Um pai ou uma mãe prudente decide se irá investir em muitos ou poucos filhos, extensiva ou intensivamente, mais cedo ou mais tarde, como se investisse num bem durável.

Se vocês acham isso engraçado, não são os únicos. Mas pensem bem: não há dúvida de que o Princípio da Prudência realmente afeta, pelo menos em parte, a decisão de ter filhos, de emigrar, de frequentar a igreja, de cursar uma faculdade, de cometer um homicídio, para não falar da compra de uma casa, um carro ou um pão. Em seu estudo obsessivo da

10 Trocadilho com o conceito econômico de utilidade máxima (*maximum utility*) – que supõe que todo consumidor quer sempre maximizar sua satisfação pessoal em cada decisão que toma.

questão prudencial, o economista pode fazer algumas afirmativas bem interessantes, às vezes contraintuitivas, e vez ou outra até factualmente verdadeiras. Por exemplo, os economistas "predizem" (como sempre afirmam, em sua versão infantil do positivismo) que, surpreendentemente, a introdução do divórcio sem culpa[11] não deveria ter qualquer efeito de longo prazo sobre a prevalência do divórcio. E por quê? Bem, a lei diz respeito à maneira como os bens são divididos num divórcio, mas *não ao seu montante*. Como as duas partes pagam advogados para obter o máximo na divisão dos bens, é a *soma* destes, e não sua divisão, que deveria determinar a quantidade de divórcios. O fato de que a mulher receba metade, e não um quarto, dos bens é ofuscado pela circunstância concomitante necessária: no caso, o marido recebe metade, e não três quartos. Então, a propensão das mulheres a pedir o divórcio (metade é mais que um quarto) é contrabalançada pela propensão menor da parte dos homens (pois metade é menos que três quartos). E uma afirmação surpreendente como essa, baseada apenas no Princípio da Prudência, parece ser factualmente real no mundo.

A estreiteza da preocupação científica dos economistas tem obviamente um custo (que é, por sua vez, objeto de interesse do economista: a estrada não percorrida é o custo da oportunidade). A Prudência é a virtude ética central da burguesia, mas não a única. O livro em que Adam Smith trata da Prudência, *Uma investigação sobre a natureza e as causas da riqueza das nações*, publicado em 1776, deve ser lido tendo em vista outras virtudes básicas, especialmente a Temperança e a Justiça, sobre as quais

---

11 A partir de 1970, no estado da Califórnia, foi legalizado o divórcio sem necessidade de culpar uma das partes. A parte que era culpada era penalizada financeiramente na partilha dos bens. O estado de Nova York foi o último a adotar a lei de divórcio sem culpa em 2010.

Smith de fato escreveu bastante. Se ele tivesse alguma inclinação estatística, teria formulado sua ideia da seguinte maneira. Tome qualquer tipo de comportamento básico que você deseje entender – o voto numa eleição, por exemplo, ou a adoção do processo Bessemer na produção do aço. Vamos dar-lhe o nome de B. Ele pode ser posto numa balança e medido, ou talvez dado como presente ou ausente. Você quer prestar contas de B. Os homens que acreditam Exclusivamente na Prudência, de Maquiavel a Becker, alegam que você pode explicar B só com base no Princípio da Prudência, a variável P – Prudência, Preço, Proveito, o Profano. Smith (e Mill e Keynes e mais uns poucos economistas, embora não os que vêm conduzindo a disciplina nos dias de hoje) responde que não, você está esquecendo o Amor e o Desprendimento, a Justiça e a Temperança, a Fé e a Esperança, numa palavra, a Solidariedade, a variável S de sons e sílabas, de sumário, de soberba, do Sagrado. Os economistas se especializam nos Ps, os antropólogos, nos Ss. Mas a maior parte do Comportamento Básico, B, é explicada pelos dois:

$$B = \alpha + \beta P + \gamma S + E \text{ [12]}$$

Incluir tanto P quanto S é uma questão de sensatez. Não é falta de juízo nem de princípios. É claro que as variáveis S são as condições sob as quais as variáveis P funcionam, e é claro que as variáveis P modificam os efeitos das variáveis S. É a dança humana entre o Sagrado e o Profano.

12 A equação é um exemplo de modelo estatístico muito usado em economia: a regressão linear. Aqui, a variável "B" é calculada como a soma ponderada de outras duas variáveis, "P" e "S". Os pesos usados na ponderação, β e γ, assim como o termo independente (α) são estimados a partir de dados. "E" é um termo de erro, que captura, além do erro estatístico (relacionado à qualidade e tamanho da amostra utilizada para estimar os parâmetros), a influência de outras variáveis não incluídas no modelo na variável (aqui, B) que tenta se estimar.

(Em termos econométricos, lembro a meus colegas economistas, se as variáveis P e S não forem ortogonais, ou seja, se não forem totalmente independentes, ou se a covariância, como dizemos, de P e S não for igual a zero, pela graça de Deus Nossa Senhora, bendito seja Seu sagrado nome, ou, alternativamente, se houver motivo para acreditarmos que uma variável tal como, digamos, PS multiplicados um pelo outro tiver alguma influência, então uma estimativa dos coeficientes α e β que ignorar S, ou PS, irá produzir resultados enviesados. E o viés é importante, se a variável S for importante. A experiência não está submetida ao controle devido, e suas conclusões não farão sentido.)

É muitas vezes um erro confiar apenas em S, e rejeitar P, como Marshall Sahlins às vezes parece fazer (que erro grosseiro, Marshall; ele nega, mas torno a afirmar que rejeita).[13] E vice-versa, o que é o que interessa aqui. A maior parte da economia e da antropologia consiste em persuasão acerca da mistura entre Prudência e Solidariedade, entre o Profano e o Sagrado, que precisa ser levada em conta a cada caso. Sem explicitá-lo quanto deveriam, alguns economistas, entre eles alguns dos melhores, na verdade reconhecem as variáveis S. Theodore Schultz afirma, em *Transforming Traditional Agriculture* [Transformando a agricultura tradicional] (1964; Nobel de 1979), que nos países pobres os camponeses são essencialmente Prudentes. Disse que era um erro explicar seu comportamento básico, ao estilo dos antropólogos, como $B = \alpha + \beta P + \gamma S + E$, usando apenas a variável S. E diz Schultz: mesmo esses camponeses "tradicionais" dão importância a P. Mas Schultz

13 O antropólogo Marshall Sahlins é professor da Universidade de Chicago e diretor da coleção Prickly Paradigm, onde este texto, originalmente apresentado em uma conferência, foi publicado pela primeira vez. Dá a impressão que Marshall, além de amigo de Deirdre, estava presente na conferência. [N.E.]

não ignora as variáveis S. A educação das mulheres, defendia enfaticamente, era crucial para fazer funcionar o Princípio da Prudência, e promovê-lo dependia da superação de objeções patriarcais à alfabetização feminina. Robert Fogel (Nobel de 1993) e Stanley Engerman disseram em 1974 que a escravidão americana tinha sido prudencial e capitalista. Mas não deram totalmente as costas às variáveis S. Preferiam medi-las por via indireta, descobrindo que, para certos aspectos da escravidão, como o preço dos escravos, variáveis outras que não a Prudência nos negócios não tinham muita importância quantitativa. E em seguida Fogel escreveu sobre a influência da crença religiosa na escravidão e no abolicionismo, e Engerman escreveu sobre as raízes históricas da coerção e da liberdade no mercado de trabalho. Muitos economistas passam por um *Bildung* desse tipo, recorrendo exclusivamente, no início da pós-graduação, ao Princípio da Prudência (mais os homens que as mulheres), mas percebendo, em torno dos cinquenta anos mais ou menos, que no fim das contas as pessoas obedecem a outras motivações além da simples Prudência. Mesmo Gary Becker dá sinais desse tipo de amadurecimento.

A isso, o economista acadêmico que *nunca* amadureceu para além da versão da ciência que cultivava durante a pós-graduação poderia responder, obedecendo ao modelo Exclusivamente-P: "Obrigado pelos conselhos. Mas eu ganho muito bem com minha especialização nas variáveis P". Seu pecado é uma espécie de torre-de-marfinismo especialmente egoísta. "Por que preciso me preocupar com a *totalidade* da argumentação? Eu me limito à minha especialidade."

E isso é resposta? Será que vocês não se interessam pela resposta correta? Ou só querem receber seu pagamento ao final de cada mês? (Não, não precisam responder.)

VÁRIOS PECADOS
DE PESO QUE
DEMANDAM UMA
BOA VONTADE
ESPECIAL PARA
SEREM PERDOADOS,
MAS NÃO SÃO
EXCLUSIVOS DA
ECONOMIA

Eainda existem os pecados menos fáceis de perdoar, mais fáceis de pôr na conta de uma especialização na prudência que pelo menos mantém as variáveis P dignas de consideração científica. São pecados embaraçosos e cientificamente daninhos, admito, tendo eu própria cometido todos eles numa ou noutra ocasião, às vezes por anos a fio. Peço perdão por isso, e quero manifestar aqui meu mais humilde arrependimento. Mas a verdade é que, se vocês forem condenar a economia por *esses* pecados, precisarão enfileirar em seguida, para condenação posterior, uma porção considerável da *intelligentsia*, a começar por sua própria adorável pessoa.

Os economistas, por exemplo, são *Institucionalmente Ignorantes*, ou seja: não sentem muita curiosidade pelo mundo que tentam explicar. Por exemplo – e isso irá surpreendê-los –, os economistas acadêmicos, especialmente depois que se instalou o predomínio do samuelsonismo, passaram a achar irrelevante, ou pura perda de tempo, qualquer trabalho de campo relacionado às questões que abordam. E isso porque (como lhes explicarão com toda a calma) as *pessoas sempre podem mentir*, observação tomada entre os economistas como uma observação profunda sobre a propriedade de um método científico. Assim (e vocês irão perceber o *non sequitur*), nunca se deve perguntar a uma empresária por que ela toma certa decisão. Basta observá-la, como se as pessoas fossem formigas. O grande economista Ronald Coase (também da Universidade de Chicago, Nobel de 1991, mas com uma abordagem de P e S que difere bastante das adotadas por Gary Becker – Coase não é samuelsoniano), quando ainda estudava na London School of Economics, teve a ideia espantosa de ter *conversas reais* com gente do mundo empresarial. A partir de mais ou menos outubro de 1932, tentou convencer outros economistas a fazer o mesmo. Sem sucesso. Quando dois economistas, Arjo Klamer e David Colander, perguntaram a pós-graduandos em economia quais eram as virtudes de um bom economista, quase dois terços responderam mencionando a proficiência matemática e a capacidade de imaginar pequenos modelos de Prudência Isolada. E quantos afirmaram que *o conhecimento do mundo econômico* era importante? Tentem adivinhar. Cerca de 3,5%.

Esse resultado foi tão chocante, mesmo para economistas, que se tornou parte de um estudo sobre os programas de pós-graduação promovido pela Associação Americana de Economia. A reforma foi bloqueada por um membro do comitê, também da Universidade de Chicago (estão percebendo um padrão?), que quer que o jogo continue a envolver apenas a matemática e o Princípio Exclusivo da Prudência, sem se deixar perturbar por meras considerações científicas.

Não economistas ficariam igualmente impressionados com a *Ignorância Histórica* dos economistas. Talvez achem que os indícios científicos sobre as economias anteriores aos últimos poucos anos devessem constar dos dados dos economistas. Mas não constam. Quase todos os programas de pós-graduação dos anos 1970 e 1980 foram eliminando, um atrás do outro, o requisito de que seus alunos conhecessem o passado da economia. Eu própria consegui adiar por doze anos a data da execução na Universidade de Chicago (*agora* estão vendo o padrão?). Entretanto, no mesmo mês em que deixei o departamento, tomada pelo desgosto, os bárbaros dentro dos portões condenaram à guilhotina o requisito da história econômica, e a partir de então os doutorados em economia pela Universidade de Chicago juntaram-se aos de Minnesota, Princeton e Columbia na ignorância do passado da economia. Ao mesmo tempo, quase todos os programas de pós-graduação dos Estados Unidos (com a minha querida Harvard, altaneira, entre as primeiras) abandonaram o estudo do passado da própria economia. Há quem se diga economista, mas nunca tenha lido uma página de Adam Smith, Karl Marx ou John Maynard Keynes. É mais ou menos a mesma coisa que se formar em antropologia sem nunca ter ouvido falar em Malinowski, ou em biologia evolutiva sem nunca ter ouvido falar em Darwin.

O *Barbarismo Cultural* mais generalizado dos economistas é bem ilustrado por sua *Ingenuidade Filosófica*. Poucos economistas leem alguma coisa fora do campo da economia. É irritante correr os olhos pela biblioteca de um distinto professor universitário de economia e não deparar com nenhum livro que não trate de matemática ou estatística aplicada: são esses os filósofos ilustrados que conduzem os destinos a nossa nação? Uh-oh. De modo que é natural que os professores universitários de economia tenham ideias infantis, por exemplo, em relação à epistemologia. Acreditam, por exemplo, que o positivismo lógico original (c. 1920), mal compreendido porque recebido de terceira ou quarta mão, seja a última palavra da filosofia em matéria de pertinência. "Senão vejamos: acho que me lembro, das minhas aulas de física no colegial, que se uma Hipótese *H* não implica Observações *O*, materialmente observáveis, então ela 'não tem sentido', é 'insignificante', não é? O que significa... Epa! 'Significa'? Bem, deixa pra lá... que toda a ética, toda a introspecção, todos os relatos sobre estados mentais, todas as metáforas, todos os sistemas de organização da racionalidade, toda a literatura e todos os mitos – e nesse caso, imagino, toda a matemática e a própria filosofia; mas *isso* não pode estar certo – não passam de um palavrório sem sentido. Hum. Alguma coisa aqui deve estar errada. Bem, mas mesmo assim há de servir num trabalho para o governo."

Os economistas desconhecem o principal achado da linguística, da filosofia e da crítica literária no século XX, a saber: que temos meios de criar mundos, jogos de palavras, sentidos de um fim que não podem ser reduzidos a gramáticas formais, nem mesmo em princípio (os próprios economistas já esbarraram em descobertas análogas em seu trabalho muito divergente da área de humanas, tais como a descoberta das "expectativas racionais" e do "paradoxo da conversa fiada", ou "*cheap talk paradox*"). Uma história famosa do campo da linguística serve de ilustração desse ponto. Na palestra de um linguista muito pomposo na Universidade Columbia, ele observou que existem línguas em que uma dupla negativa tem significado positivo (no inglês [ou no português] formal, por exemplo, em que "*I am not going to not speak*" = "*I am going to speak*" ["Eu não vou deixar de falar" = "Eu vou falar"]), e outras línguas em que uma dupla negativa é apenas uma negativa reforçada (no francês e no italiano padrão, por exemplo [no português, o correspondente seria "Eu *não* digo *nada*"]; ou no inglês informal: "*You ain't got no class*"). Mas o fato, prosseguiu ele, articulando o que lhe pareceu um universal da gramática, é que "não existem línguas em que uma *dupla afirmação positiva* seja equivalente a uma negativa". Pausa. Silêncio. E então ouviu-se, em voz muito alta, o comentário em tom de zombaria: "Ah. Tá bom".

A versão ginasiana de positivismo cultivada pelos economistas significa que eles dependem de *uma versão ginasiana de filosofia da ciência*. "É o seguinte: se *H* implica *O*, então decorre rigorosamente disso que não *O* implica não *H*. Assim, posso determinar que uma hipótese é falsa pelo simples exame de suas implicações observáveis, O. Que magnífica simplificação da minha obrigação de produzir argumentos científicos! Posso testar a hipótese de que as pessoas votam de acordo com o bolso, por exemplo, só examinando a maneira como a plataforma de um certo partido afetaria as finanças de seus eleitores Smith ou Jones. E, se a hipótese não tem sua falsidade provada, isso quer dizer que está confirmada, não é?"

Não importa que Pierre Duhem tenha assinalado, ainda em 1906, que esse argumento não faz sentido na verdadeira ciência, pois toda experiência ou observação tem controles científicos (por exemplo, as variáveis S; ou os instrumentos de medida e os erros de medição), cuja verdade ou irrelevância precisa ser tomada como premissa para que o teste possa funcionar. (Os economistas dão a isso o nome de problema da especificação.) De modo que a especificação é na verdade "H e S_1 e S_2 e S_3 e... implicam *não O ou não S_1 ou não S_2 ou não S_3 ou...*". E isso significa que "provar a falsidade" de uma observação pode resultar na verdade do não funcionamento de algum controle experimental. E, na verdade, nas fronteiras da ciência, as polêmicas mais habituais tratam exatamente de tais questões: você deixou de usar os controles devidos? Sua especificação está correta? Será racional esperar que as pessoas se comportem racionalmente diante da urna eleitoral quando já demonstraram sua irracionalidade, antes de mais nada, por seu simples comparecimento às eleições, tendo em vista que seu voto individual não terá virtualmente efeito algum sobre o resultado? Você levou em conta os controles devidos da solidariedade social, do sentimento, e de outras variáveis S que podem afetar a eleição, e será que eles não têm correlação alguma com a variável incluída AB, o "acordo com o bolso"?

As palavras "metafísico" ou "filosófico" são usadas hoje na economia como veículos para expressar desdém. "Essa sua ideia é um tanto *filosófica*, não é?" significa: "Que argumento idiota e anticientífico, só mesmo uma professora de inglês para dizer uma asneira dessas!". Então, não causa espanto, por exemplo, que os economistas tenham aderido, de maneira totalmente acrítica, a *uma versão secundarista da filosofia ética*. Os economistas acreditam que questões científicas e éticas são distintas, as primeiras "positivas" e as segundas "normativas", e que um verdadeiro cientista deveria (hum...) dar preferência sempre ao positivo. Sei que é difícil acreditar, mas a maioria dos economistas realmente acredita que a distinção positivo / normativo os desobriga de qualquer reflexão sobre a ética. Preferem acreditar que "a economia é como a astronomia, e nada tem a ver com os negócios humanos, e portanto com o universo ético em que vivem os seres humanos. Não, espere um pouco, isso não pode estar certo: a economia tem a ver com os negócios humanos – de que outro modo posso ser pago por meus trabalhos de consultoria, ou pelas minhas publicações? –, mas as questões com que lido são Objetivas... como, por exemplo, determinar quem sofre com a imposição do livre comércio. Hum. Isso está começando a ficar complicado. O que sei ao certo é que 'dever' e 'ser' pertencem a campos totalmente diferentes, e que o cientista deveria ignorar... bem... hum...".

E os economistas também sofrem a tentação da *arrogância na engenharia social*. A maior parte do pessoal de humanas sequer toma conhecimento do problema, pois é raro ocorrer a um poeta perguntar a um professor de inglês como deveria escrever seus poemas – embora, é claro, a "crítica" no sentido beletrístico, a que concede prêmios de excelência, a que avalia a Grandeza, costume ver-se às voltas com essa tentação, a que muitas vezes cede; e a verdade é que muitos poetas *foram* de fato influenciados pela crítica (as críticas de Poe inspiraram Baudelaire; as de Emerson inspiraram Whitman). Os antropólogos são conscientes desse problema em seu trabalho, e a preocupação os leva a perguntar-se: estarei me transformando num instrumento do imperialismo ocidental?

Como os economistas se consideram bem informados em matéria de filosofia ética, malgrado sua compreensão um tanto turva da oposição entre positivo e normativo, não é difícil imaginar quais podem ser os resultados disso. Longe de mim acusar meus colegas de engenheiros empenhados na concepção de câmaras de extermínio eficientes. Pelo menos não o tempo todo. Às vezes eles são contidos pela veia libertária presente no pensamento econômico. Um economista jamais veria os pobres como gado a ser arrebanhado em campos de concentração de mais de vinte andares de altura – como os arquitetos fizeram nos anos 1950, por exemplo; e como antes também pensavam D. H. Lawrence e outros autores apaixonadamente avessos à democracia. Ou seria capaz de pensar assim? Que considerações éticas poderiam detê-lo?

E os economistas também tendem a apresentar um estranho defeito de personalidade que se deve à sua adesão a um modelo Exclusivamente-P, um *egoísmo declarado*. Se vocês perguntarem a um economista da Escola de Chicago: "George,[1] você quer colaborar com isso?", ele pode responder: "Não, porque não atende ao meu interesse pessoal; você não acredita na economia?". Quando me afastei de Chicago, tantos anos atrás, uma dessas pessoas veio até onde eu esta-

1 Provável cutucada em George Stigler, economista da Universidade de Chicago e notável desafeto da autora.

va e me disse: "Imagino que você não vá ajudar na correção das provas de certificação – afinal, você já não está mais no curso". Fiquei atônita, e respondi: "Não, ainda vou cumprir minhas obrigações restantes". E aí ele, por sua vez, ficou atônito. Não acho que isso tenha melhorado sua opinião a meu respeito, ver minha extrema incoerência em defender uma teoria Exclusivamente-*P* na história da economia (como na época eu fazia) e o contrário em minha vida cotidiana. Quer dizer que você *não* engana seu empregador sempre que tem uma oportunidade? *Não* transfere suas responsabilidades para os colegas, quando isso atende a seus interesses mais estritos? Oi? Que espécie de economista você é?

E ainda preciso mencionar, finalmente, a opinião muito difundida de que os economistas são sujeitos ao pecado do orgulho – a *arrogância pessoal*. Alguns nomes que me ocorrem nessa matéria são: Paul Krugman[2] (medalha de ouro na categoria), Robert Lucas (Nobel de 1995) e Deirdre McCloskey (bronze). Muitos ofícios intelectuais alimentam a arrogância. Os físicos, por exemplo, menosprezam os químicos, que enxergam como versões imperfeitas de si mesmos. Na verdade, os físicos menosprezam quase todo mundo. Mas quando um físico da Carolina do Norte chamado Robert Palmer compareceu em 1989 a uma conferência[3] em que físicos e economistas deviam educar-se uns aos outros, observou: "Eu achava que os físicos eram as pessoas mais arrogantes do mundo. Mas a verdade é que os economistas são mais arrogantes ainda". E, infelizmente,

2 Provavelmente, um dos economistas mais famosos da atualidade. Autor de diversos livros de sucesso como *The Conscience of a Liberal* (W.W. Norton, 2007) e colunista do *The New York Times*, Krugman ganhou o Nobel de Economia em 2008 e lecionou em Princeton.

3 Conferência no Santa Fe Institute organizada pelo economista Kenneth Arrow e o físico Philip Anderson em 1987.

admito que ele tinha razão. Embora, é claro, no geral ele seja um bobalhão: afinal, um simples *físico*.

Apologia: Não tracei, agora percebo, um retrato muito lisonjeiro da economia. Mas esses pecados também são amplamente difundidos, repito, entre os não economistas – mesmo o último deles, o *egoísmo declarado*, que os economistas da natureza articulam mesmo quando não são treinados na matéria. Mas devo insistir em convidá-los a tomar conhecimento, através de uma leitura mais detida da literatura especializada, dos méritos que os economistas têm em contrapartida:

Primeiro, os economistas levam a sério o interesse público, e muitas vezes são as únicas pessoas a defendê-lo com alguma lucidez e poder de convicção contra interesses específicos. Um modelo de filosofia social originou-se, em sua forma inicial e mais grosseira, nos primeiros panfletistas e aritméticos da política (entre eles Daniel Defoe). Adam Smith, pouco mais de meio século mais tarde, levou-o à perfeição.

E se vocês gostam dos engenheiros, irão gostar de muitos economistas. Os engenheiros são pessoas atraentes, trabalhadoras (é preciso ser muito esforçado para absorver toda a matemática de que precisa um engenheiro), francas e práticas, sempre empenhadas em Resolver Algum Problema. É verdade que muitas vezes são simplórios. Mas a simplicidade dá conta do recado. Muitos economistas são uma espécie de engenheiros.

Ou de advogados. Como os advogados, os economistas são fortes na argumentação, o que é bom quando a pessoa precisa de um bom argumento ("Como você quer que eu exponha o resultado?"). Economistas são capazes de debater entre si sem perder a cabeça ou fazer apelos irrelevantes à hierarquia. Os economistas, como os advogados, são lúcidos, do ponto de vista profissional. Estão acostumados a ser e manter-se objetivos. O humor dos economistas, infelizmente, é muitas vezes cínico, como também ocorre entre os advogados, e raramente generoso, mas *isso*, afinal, se aplica a muitos campos da atividade intelectual.

Acima de tudo, entretanto, a economia trata de questões importantes. Seria notável se a economia posterior a Marx que a maioria dos não economistas prefere não ler não contivesse *nada* que valesse a pena. Afinal, milhares de economistas aparentemente inteligentes (pelo menos é o que eles próprios com certeza pensam) vêm trabalhando nela há pelo menos um século e meio.

Eu gostaria de vos suplicar, prezados leitores, que admitais a possibilidade de que os economistas, mesmos os da Escola de Chicago, mesmo os samuelsonianos, tenham coisas importantes a dizer sobre a economia.

OS DOIS VERDADEIROS PECADOS, QUASE EXCLUSIVOS DA ECONOMIA

Uma ciência de verdade, ou qualquer investigação inteligente sobre o mundo, seja o estudo dos terremotos ou da poesia, da economia ou da física, da história do mundo ou da antropologia, da história da arte ou da química orgânica, um estudo sistemático da pessoa que amamos ou da língua holandesa, precisa obedecer a duas condições. Se cumprir apenas uma delas, não será um estudo sobre o mundo. Pode servir para alguma outra coisa, mas não como associamos duplamente à boa ciência ou a outros bons estudos sobre o mundo, como um detetive que resolve um caso.

Tenho certeza de que vocês irão concordar: uma investigação sobre qualquer aspecto do mundo precisa pensar e precisa olhar. Precisa teorizar e precisa observar. Formalizar e registrar. As duas coisas. O que é óbvio e elementar. Nem todos os envolvidos numa investigação inteligente *coletiva* sobre algum aspecto do mundo precisam dedicar-se às duas coisas: o detetive pode pedir a um assistente menos brilhante que se limite a observar. A investigação como um todo, porém, precisa refletir e observar. As duas coisas. O que é óbvio.

Mas o pensamento puro, como é o caso da matemática ou da filosofia, não deve ser desprezado, nem de longe. A equação que representa a identidade de Euler, $e^{\pi i} + 1 = 0$, é de fato notável, unindo as "cinco variáveis mais importantes de toda a matemática" (como assinalam Philip Davis e Reuben Hersh), e representaria uma façanha intelectual espetacular mesmo que não tivesse qualquer uso prático. Mas essa equação, é certo, não resulta de uma *observação* do mundo. De maneira que não é ciência; é uma espécie de arte abstrata. Os matemáticos se orgulham da falta de utilidade de quase tudo que fazem, o que não deixa de ser justo: Mozart também é "inútil"; a que se poderia "aplicar" uma *Sonata para Piano em Lá*? Tenho um amigo brilhante e erudito que é um notável historiador do intelecto. Um dia estávamos a caminho do almoço, em Iowa City, e eu lhe disse de chofre, supondo que ele haveria de concordar, que a matemática era uma das maiores realizações da cultura ocidental. Ele ficou tão perplexo com a minha afirmação que parou bruscamente de andar e começou a discutir comigo ali mesmo na calçada, em frente ao Old Capital Mall: "A matemática é como um encanamento: útil, mas quase não tem contato com nada mais profundo; não acho que alguém possa dizer que ela seja uma realização *cultural*". Tentei convencê-lo de que ele só pensava assim porque não tinha familiaridade com a matemática, mas acho que não consegui fazê-lo mudar de ideia.

E a pura observação, desligada da teoria, tampouco merece o nosso desprezo. Existe alguma coisa na narração, por exemplo, que é inteorizável (embora possa ser surpreendente para quem não é de humanas constatar quanto ela *pode ser* e, nos últimos tempos, *tem sido* teorizada pelos críticos literários). Em algum nível, uma história não passa de uma história, e a escolha sagaz dos detalhes se deve puramente à observação – não à observação *bruta*, que é uma ambição insensata a registrar *tudo*, mas à observação depurada. Tenho outro amigo brilhante e erudito, um economista, que conta como em Amsterdam, nos seus tempos de criança, decidiu um dia dedicar-se seriamente à Observação Social. Teria uns dez anos de idade quando foi tomado por essa ambição, equipando-se com um caderno e uma caneta. Em seguida, postou-se numa rua movimentada e começou, bem, a observar. Resolveu anotar o número das placas de cada carro que passava. E ocupou-se assim por várias horas, movido pelo entusiasmo de sentir-se um autêntico observador da sociedade. Mas é claro que, quando chegou em casa e foi rever seus resultados, percebeu que os dados não faziam sentido. Eram fatos brutos, sem que qualquer questão, emoção ou busca humana lhes desse forma. Quem dera todo estudioso fizesse a mesma descoberta aos dez anos de idade.

De maneira que a matemática pura, a filosofia pura, a pura escrita de obras de pura ficção, a pura pintura de quadros, além da pura composição de sonatas, são todas, quando bem realizadas ou pelo menos dignas de interesse, atividades admiráveis. Insisti em repetir o adjetivo "pura" porque é evidentemente possível – e de fato, até, lugar-comum – que um romancista, por exemplo, tenha uma visão científica dos seus temas (Balzac, Zola e Sinclair Lewis, entre muitos outros, ficaram conhecidos pela prática consciente de uma literatura científica; a sátira da época romana é outro exemplo; assim como a pintura holandesa da Época de Ouro). Da mesma forma, os cientistas lançam mão de elementos de narração pura (na biologia evolutiva e na história econômica) ou de elementos de matemática pura (na física e na economia) para desenvolver seus argumentos científicos. Não quero me enredar na tarefa aparentemente impossível de resolver o que é conhecido como o Problema da Demarcação, traçando uma linha divisória entre outras atividades e a ciência. Na verdade, nem sei se essa linha existe. Os esforços de muitos bons filósofos da ciência parecem não ter levado a nada em muitas tentativas de abordar a questão. Só estou sugerindo que toda ciência, *como tantas outras práticas humanas*, tais como o tricô ou fazer amigos, precisa de uma ligação com o mundo, e isso significa que deve estar atenta ao mundo. E também não deve se limitar a produzir uma simples miscelânea de fatos, como a classificação dos animais na enciclopédia chinesa mencionada por Borges, o

Empório celestial de conhecimentos benévolos: a) os pertencentes ao imperador, b) os embalsamados, c) os amestrados, d) os leitões, e) as sereias, e assim por diante, até n) os que de longe parecem moscas. Não os fatos brutos. Nem a mera teoria.

De maneira que não estou tentando enquadrar à força a economia em alguma definição implausível de Ciência, só para depois convencê-la a não corresponder a essa definição. Esse tipo de iniciativa é comum na metodologia econômica – por exemplo, em alguns dos escritos econômicos menos persuasivos do altamente persuasivo Mark Blaug. Só estou dizendo que os economistas querem estar envolvidos numa investigação inteligente do mundo. E, sendo assim, o campo como um todo precisa teorizar e observar. As duas coisas. O que não está aberto à discussão.

Uma economista que me escute, envolvida num programa importante de pós-graduação, pode responder exclamando: "Isso mesmo! *Não podia concordar mais*: há que teorizar e observar, embora admitindo, claro, a possibilidade de cada um se especializar numa coisa ou na outra – contanto que o campo como um todo não negligencie nenhuma das duas. *E isso, Deirdre, é exatamente o que fazemos*, na escala mais geral. E fazemos muito bem, o que não sou eu quem diz. Produzimos teorizações matemáticas muito sofisticadas, como no manual de Mas-Colell, Whinston e Green[1] (1995), e depois testamos as teorias no mundo lançando mão de recursos muito engenhosos de econometria, como faz Jeffrey M. Wooldridge em *Econometric Analysis of Cross Section and Panel Data*[2] [Análise econométrica de corte transversal e dados em painel] (2001). Os

1 Bibliografia básica de qualquer programa de mestrado ou doutorado em microeconomia: são 1008 páginas de fórmulas e demonstrações de teoremas (resumindo).

2 Bibliografia básica de econometria, a área de economia que lida com estatísticas e bases de dados (também resumidamente).

resultados podem ser encontrados em qualquer revista de economia. Parte deles é pura teoria, outra parte é econometria. Teorizar e observar".

Ao que eu respondo: Bobagem. *Ela e seus colegas, no momento em que se dedicam à atividade mais intelectualmente elevada, orgulhosos de sua condição de ciência, na verdade* não *estão alternando entre a teoria e a observação.* A economia, em suas versões de maior prestígio e maior circulação acadêmica, dedica-se a duas atividades, os *teoremas qualitativos* e a *significância estatística*, que *parecem* teorização e observação e – para todos os efeitos – lançam mão das mesmas matemática e estatística avançadas que a verdadeira teorização e a verdadeira observação também empregariam. Entretanto, *nenhuma das duas é o que afirma ser.* Os teoremas qualitativos não são uma teorização do tipo que teria a ver com uma investigação duplamente virtuosa do mundo. A significação estatística, igualmente, tampouco equivale à teorização.

Este é o pecado secreto de forma dupla, e este é o momento:

3 *Paradise Lost* (1667), célebre poema épico de John Milton sobre a Queda: "*Eve / Intent now wholly on her taste, naught else / Regarded, such delight till then, as seemed, / In fruit she never tasted, whether true / Or fancied so, through expectation high / Of knowledge, nor was godhead from her thought*". A tradução é minha. [N.T.]

[...] Eva
Ora totalmente dedicada a seu gosto, e nada mais
Observando, deleite como o de então, ao que parece,
Em fruto algum jamais experimentara, fosse real
Ou imaginado, pela alta expectativa
Do conhecimento, nem estava a divindade em seus
pensamentos.][3]

Não é difícil explicar a gente de fora qual seria o erro tão dramático, insensato e pecaminoso dos dois principais métodos da economia de alto nível, os teoremas qualitativos e a significância estatística. Mas é *muito* difícil explicar a mesma coisa ao pessoal da área, porque essas pessoas custam a acreditar que os métodos que aprenderam com tal grau de sofisticação, e usados afinal pelos profissionais que mais admiram, sejam um simples amontoado de absurdos não científicos, literalmente sem ligação alguma com qualquer contribuição científica real (e, repito, essa contribuição é considerável) que a economia possa trazer para nossa compreensão da sociedade. Por isso, elas simplesmente não alcançam os argumentos que parecem claríssimos para gente não socializada em economia. (Nota bibliográfica para o pessoal da área e para os de fora com maior espírito de aventura: capítulos 10-13 em *Knowledge and Persuasion in Economics* [Conhecimento e persuasão em economia] [1994] e capítulos 7 e 8 de *The Rhetoric of Economics* [A retórica da economia] [2ª ed., 1998].)

Eu vos suplico, ó gente de fora do ramo. Já vos revelei quanto o raciocínio *qualitativo*, do tipo *Por quê/Se*, é popular na economia. E assume a seguinte forma: *A* implica *C*. Entenderam? Simples, não é? O ponto crucial é que o *A* e o *C* na verdade são qualitativos. Não equivalem à forma "*A é* '4,8798'". São de natureza *qualitativa*: "*A* é 'todo mundo é motivado por considerações Exclusivamente-*P*'", por exemplo, que implica "o livre comércio é bacana". Sem número algum envolvido. Vocês sabem que o seu par amoroso ficará aborrecido *até certo ponto* com o esquecimento do aniversário, mas não entramos no mérito das magnitudes. *Por quê/Se*. E não *Quanto*. Os "teorizadores" da economia concentram-se no que os matemáticos chamam de "teoremas de existência". A partir dessas ou daquelas alegações gerais (ou não tão gerais, mas de todo modo não quantitativas) *A*, imagina-se um estado do mundo *C*. Uma declaração típica da "teoria" econômica é que, "se a informação é simétrica, o jogo está em equilíbrio" ou, "se as pessoas se mostrarem racionais em suas expectativas em matéria de blá-blá-blá, *então* existe um equilíbrio da economia em que a ação do governo se mostra inútil".

Muito bem, então vamos imaginar um conjunto alternativo de alegações (como as usadas antes para refutar o teorema do livre comércio), A'. E examinemos esse caso em detalhe. Se vocês decidem se arriscar pelo mundo maravilhoso dessa matemática realmente difícil – coisa de macho, com que nós, economistas, lidamos todos os dias –, precisarão se preparar para examinar os símbolos bem de perto: percebam que a alegação alternativa é representada por um A seguido de um sinalzinho – chamado de "aspa simples" fora da matemática – conhecido como "linha" (é só uma forma de notação usada para distinguir um certo elemento – no caso, um conjunto de alegações – de outro; não tem nada a ver com traço ou desenho). A' lê-se "A-linha". Naturalmente, se vocês trocam as alegações usadas (introduzindo, por exemplo, famílias que não operam com base exclusiva em motivações P, por exemplo; ou – e agora me dirijo ao pessoal da área – tornando a informação um pouco assimétrica; ou – igualmente – introduzindo qualquer segunda melhor hipótese, como o monopólio ou a taxação; ou – igualmente – não convexidades na produção), em geral a conclusão irá mudar.

Claro. Não há nada de profundo ou surpreendente nisso: modificar as alegações iniciais, ou premissas, muda as suas conclusões. Chamemos a nova conclusão de C' (teste para saber se vocês estão prestando atenção, crianças: Como se lê? Resposta: "C-linha"). Então: dissemos que as antigas A implicam C, e que a novidade recém-descoberta e altamente publicável, A' implica C'. Mas, como dizem os matemáticos, podemos acrescentar *mais uma* linha e repetir o procedimento, introduzindo alguma outra possibilidade plausível para as alegações ou premissas *A''* (leia-se "A-duas linhas"), que implica as suas próprias consequências. E assim por diante: *A'''* implica *C'''*. E de novo, e de novo, e de novo, e de novo, até os economistas ficarem cansados e finalmente chegar a hora de voltar para casa.

E o que se ganha com tudo isso? Pensamento puro, filosofia. Não um conhecimento disciplinado por um estudo simultâneo do *Quanto*. É um raciocínio qualitativo, e não quantitativo, organizado para não admitir quantidades na história. Equivale a se satisfazer com a conclusão de que esquecer o aniversário do seu par amoroso deverá ter *algum* efeito negativo sobre a relação de vocês – ainda sem ter ideia do *Quanto*, ainda sem saber se o efeito será trivial, calamitoso ou irá se enquadrar em algum ponto intermediário. *De maneira que o pensamento puro não tem limites.* É um jogo em que vocês imaginam como o seu par amoroso irá reagir *interminavelmente*. E é verdade: se vocês tiverem uma boa ideia de quais seriam as premissas ou alegações plausíveis, a partir de alguma investigação do estado real do mundo, a situação pode ser resgatada para a ciência e para outras investigações sobre o mundo, como um estudo a respeito do provável efeito quantitativo do esquecimento futuro de um aniversário sobre o afeto de seu par amoroso por vocês. Mas no caso contrário – e estou dizendo que essa é a prática costumeira dos textos "teóricos" sobre economia, cerca de metade dos artigos de qualquer revista respeitável de ciência econômica – tudo não passará de um "mero" jogo intelectual.

Manifestei admiração pela matemática pura e pelos concertos de Mozart. Tudo muito bem. Mas *espera-se que a economia seja um estudo do mundo, e não pensamento puro.* (Se for justificada como pensamento puro, simples "jogo", ela não é muito divertida. Ninguém jamais se disporia a comprar uma entrada para um seminário "teórico" de economia. Podem acreditar: em matéria de diversão matemática, a coisa realmente deixa muito a desejar.) O "trabalho" do tipo A-linha/C-linha, dos teoremas de existência, exclusivamente qualitativos, que os economistas costumam elaborar, lembra os problemas de xadrez. Geralmente, os problemas de xadrez não têm nada a ver com partidas reais de xadrez (uma vez que envolvem situações que dificilmente surgiriam numa partida de verdade). E o xadrez propriamente dito não tem nada a ver com a vida, exceto por sua pureza indubitavelmente magnífica enquanto pensamento, à Mozart.

Que tipo de teoria poderia de fato contribuir para uma investigação duplamente virtuosa do mundo? Obviamente, precisaria ser o tipo de teoria ao qual se possa imaginar a atribuição de números. Se Força é igual a Massa vezes Aceleração, temos uma descoberta *potencialmente quantitativa* quanto à trajetória das balas de canhão, por exemplo. Mas os teoremas *qualitativos* (explicitamente defendidos na grande obra de Samuelson de 1947, proliferando desde então interminavelmente nas revistas profissionais acadêmicas de economia) não têm lugar para números. De modo que os "resultados" não param de variar, interminável e inutilmente.

A história da "teoria" econômica de 1947 para cá (e, como eu disse, em sua forma não matemática também de 1747 para cá) está repleta de exemplos disso. O próprio Samuelson criou fama nos anos 1940 demonstrando que os "preços dos fatores" (como os salários) são "equalizados" pelo comércio do aço, do trigo e assim por diante – na forma de um teorema qualitativo, a partir de certas alegações ou premissas *A*. O que *poderia* ser um argumento contra o livre comércio. Mas pouco tempo depois foi demonstrado (pelo próprio Samuelson, entre outros) que, se vocês partirem de premissas ou alegações alternativas *A'*, irão chegar a conclusões muito diversas. E assim por diante, ontem e hoje, com um limite a que só se chega por tédio, em toda a economia. A partir de determinadas premissas *A* sobre algum modelo de jogo teórico, vocês podem demonstrar que um grupo de indivíduos não socializados irá formar uma sociedade civilizada. Partindo de outro conjunto de premissas, *A'*, eles não formam. E assim por diante, de novo e de novo. Blá-blá-blá, sem fim ou finalidade científica.

E o mesmo tipo de coisa espalhou-se por campos próximos à economia, primeiro a ciência política e agora, cada vez mais, a sociologia. Um típico artigo "teórico" da *American Political Science Review* mostra que, a partir das premissas *A*, o entendimento entre as nações se rompe; no número seguinte, alguém irá mostrar que, se as premissas forem *A'*, ele será preservado. Não se trata de teoria no mesmo sentido em que, por exemplo, a física usa o termo. Basta pegar um exemplar da *Physical Review* (que vem em quatro versões; qualquer uma delas serve). Abram ao acaso. Irão encontrar uma matemática de quebrar a cabeça de tão difícil, e uma física que só um especialista no limitadíssimo campo em questão conseguirá acompanhar. Mas sempre, em qualquer página, encontrarão tentativas repetidas e persistentes de responder à pergunta: *Quanto*. Podem abrir. Não se preocupem: não importa que vocês não entendam a física. Mas verão que os físicos usam uma retórica do *Quanto* em quase todos os parágrafos. Mesmo os teóricos, que na física diferem dos experimentalistas, passam os dias tentando encontrar maneiras de calcular *magnitudes*. O sinal de que alguma coisa não científica está acontecendo na economia "teórica" (e, ai de nós, também na ciência política) é que ela não costuma conter, do início ao fim de cada artigo, uma tentativa sequer de determinar uma magnitude.

De maneira que: Pecado Secreto Número Um: os teoremas qualitativos. "Mas espere um instante, Deirdre", interrompe o Economista Enfronhado na Área (que está ficando extremamente irritado porque, como eu disse, simplesmente Não Consegue Entender Qual é o Problema). "Você admitiu que nós, economistas, também praticamos a econometria, ou seja, a testagem formal de hipóteses econômicas usando a teoria estatística avançada. Você, como economista, não pode fazer objeções à especialização: há economistas que trabalham com a teoria, e outros que se dedicam ao trabalho empírico."

Sim, meu caro jovem colega. Como já estive na sua casa e notei que você não possui uma obra sequer sobre economia anterior ao período dos seus estudos de pós-graduação, imagino que não saiba que esse argumento foi explicitado pela primeira vez por Tjalling Koopmans, economista holando-americano de Yale (Nobel de 1975), que em seus *Three Essays on the State of Economic Science* [Três ensaios sobre o estado da ciência econômica] recomendava exatamente essa mesma especialização. Para ele, os "teóricos" deviam empregar seu tempo na organização de um "fichário" de teoremas qualitativos em que uma série de axiomas A', A'', A''' etc. é associada a uma série de conclusões C', C'', C''' etc., *separado* do trabalho empírico, "para a proteção [e, notem bem a palavra, estudiosos do livre comércio] de ambos".

E isso não teria o menor problema se os teoremas não fossem qualitativos. Caso assumissem a forma que os teoremas têm na física (onde podem ser mais bem chamados de "derivações", pois os físicos não nutrem interesse algum pelos teoremas de existência que tanto obcecam os matemáticos e os filósofos), melhor. Então, os sabichões mais chatos como Deirdre McCloskey, historiadora da economia, poderiam dedicar-se apenas à observação, com o fito de preencher as lacunas da teoria. Só que *não existem lacunas a ser preenchidas*. Na teoria que os economistas mais admiram, e ocupa metade de seu tempo de trabalho, ninguém jamais pergunta *Quanto*.

Ainda assim, as coisas não estariam tão mal, tão atoladas no pecado científico, se do lado empírico da economia acadêmica, seu lado de menor prestígio, tudo estivesse andando bem. Se os empiristas como eu, a seu modo tapado, pudessem improvisar hipóteses realmente científicas, simplesmente ignorando o "trabalho" dos teóricos qualitativos. Os verdadeiros jogadores de xadrez podem ignorar os "resultados" dos problemas de xadrez. Na verdade, é justamente isso o que acontece. As "teorias" proferidas pelos "teóricos" nunca são postas à prova. Em seu lugar, são usados modelos linearizados que eles tentam controlar na medida do possível, a fim de obter esse ou aquele efeito. Um empirista poderia então tentar extrair do mundo a informação sobre a sensibilidade ao preço da demanda por residências na Grã-Bretanha nos anos 1950, por exemplo.

Mas o pecado é duplo. Os economistas empíricos também ficam confusos com os "resultados" qualitativos. *Eles também* dão as costas ao *Quanto*, uma das duas perguntas necessárias a uma investigação séria sobre o mundo (a outra é *Por quê*). Parece um pecado improvável, visto que a economia empírica se apresenta encharcada de números, mas os números que esses economistas vão buscar com suas ferramentas mais sofisticadas (em contraste com as ferramentas mais comuns que usam, como a simples enumeração ou os sistemas de contabilidade) acabam por se revelar vazios de sentido.

A confusão e a falta de sentido se devem a uma técnica específica dos estudos estatísticos, conhecida como "significância estatística". Desde o barateamento da computação na década de 1970, ela se espalhou como uma praga pela economia, pela psicologia e, o que é mais alarmante, pela ciência médica. Basta pensar na polêmica que já vem durando décadas em torno da prescrição de mamografias de rotina para detectar formas precoces de câncer. Uma das escolas de pensamento recomenda que os exames comecem aos quarenta anos. A outra diz que é melhor começar aos cinquenta. (E uma terceira ainda diz que elas nunca devem ser feitas como rotina. Mas deixemos esta de lado.) Por que divergem? O estudo epidemiológico das enfermeiras americanas ou os estudos suecos em que se baseiam os argumentos empíricos são extensos. Mas existe nos dados uma grande quantidade do que os engenheiros chamam de "ruído", muita coisa acontecendo ao mesmo tempo. Assim: começar os exames aos quarenta anos parece produzir *algum* efeito, mas as amostras não têm volume suficiente para se mostrar conclusivas. De acordo com qual padrão? O padrão chamado de "significância estatística" [ao nível de 5%, 1%, 0,1%, ou o nível que for]. Qualquer estudioso da estatística médica se disporá a explicar com grande prazer (por exemplo, no caso da escola que prega os exames depois dos cinquenta) que a "significância", nesse sentido estrito e técnico da palavra, só nos diz quanto é provável que o resultado se deva exclusivamente ao ruído. Um resultado "altamente" significante é aquele em que a amostra é ampla o suficiente para *anular o ruído*. Ou seja, nesse caso, existe uma improbabilidade – de 5%, 1% etc., números cada vez mais restritivos – de que vocês sejam induzidos a considerar erradamente a existência de um efeito quando, na verdade, o efeito no mundo real é zero.

De maneira que a situação é a seguinte. A escola que prescreve os exames a partir dos cinquenta anos admite a existência de *algum* efeito positivo na detecção de cânceres precoces quando as mamografias começam aos quarenta anos; mas, dizem eles com um ar de desdém, esse efeito *não é garantido*. Existe algum risco de vocês serem ludibriados pelo acaso. Uma coisa muito desagradável. De fato, algo que se deve evitar a qualquer preço.

Como assim? Com que então o senhor está me dizendo, dr. Especialista em Estatística Médica, que, muito embora os dados disponíveis indiquem que, na média, a adoção de mamografias precoces tem por efeito salvar vidas, *o senhor sente algum desconforto em defendê-las*? Eu achava que a finalidade da pesquisa médica era salvar vidas. A meu ver, nossa preocupação mais importante não é com o seu conforto. Ah, o senhor acha os dados ruidosos. Infelizmente, foi assim que Deus quis. Eu sei que Ela devia se mostrar mais cuidadosa, mas é assim que Ela quis. O que nós precisamos decidir é se os benefícios compensam o custo dos exames. *E os seus dados mostram que existe um benefício efetivo.*

E responde o dr. Especialista em Estatística Médica, com alguma indignação: "Não, nada disso. O que ocorre é que, em níveis convencionais de significância, *não se verifica efeito algum*".

E Deirdre, ainda mais indignada: Que absurdo! Infelizmente, o que o senhor está tentando é fazer um juízo qualitativo da existência. Compare-se ao pobre, obscuro "teórico" samuelsoniano. *Na ciência, sempre precisamos saber Quanto, e não Se.*

O efeito tem existência empírica, seja qual for o ruído. Se uma pessoa gritasse "Socorro! Socorro!" em voz fraca, no meio de muita algazarra, de modo que, ao nível de significância de 1% (a probabilidade satisfatoriamente baixa de vocês se encabularem por atender a um alarme falso), alguém pudesse julgar que ela estava dizendo "Cachorro! Cachorro!" (no meio de uma discussão acalorada sobre o animal doméstico ideal, quem sabe), *vocês não tentariam ajudá-la?*

A questão relevante e quantitativa em torno das mamografias de rotina, recentemente reaberta, é a de sua relação custo / benefício, pois pode haver custos (tais como as mortes devidas a exames invasivos induzidos por falsos resultados positivos) que anulam a vantagem sabidamente modesta de uma rotina de exames iniciada aos quarenta anos. Mas imaginemos, como se acreditou por tanto tempo, que os custos não superem os benefícios. O fato de o saldo de benefícios ser modesto não serve de consolo às (poucas) pessoas que morrem desnecessariamente aos 42 ou 49 anos por conta do erro grosseiro de avaliação do dr. Especialista em Estatística Médica quanto ao papel que deve caber à estatística nos estudos científicos. Um óbito é um óbito. Os adeptos do início dos exames aos cinquenta anos estão matando pacientes. Sim, talvez só um pouco mais que zero paciente. Acontece que mais que zero já configura um assassinato. (Diante desse insulto, o dr. Especialista em Estatística Médica se levanta de um salto e sai da sala pisando duro: eu avisei que as pessoas da área eram difíceis de convencer; e quem dera eu pudesse apresentar uma retórica mais suave, capaz de persuadir com toda a gentileza idiotas amorais como o dr. Especialista em Estatística Médica e o sr. Econometrista; mas isso, como os leitores bem podem ver, não faz o meu tipo.)

Ou podemos pensar nos estudos sobre a relação entre aspirina e ataques cardíacos. Uma pesquisa estudava os efeitos da administração de meia aspirina ao dia em homens que já tinham sofrido um ataque cardíaco. Para conduzir a experiência do modo correto, os pesquisadores administravam aspirina a um grupo e um placebo a outro. Mas logo descobriram – bem abaixo dos níveis convencionais de significância estatística – que a aspirina reduzia em mais ou menos um terço as recorrências de crises cardíacas. E o que fizeram, então? Prosseguiram com o estudo até o número de tomadores de placebo mortos crescer a ponto de convencê-los do seu achado num nível de significância estatística satisfatório para os árbitros da correção científica nas revistas de cardiologia? Claro que não: isso teria sido de uma falta de ética chocante (embora precedentes não faltassem). O que fizeram foi interromper o estudo e dar aspirina a todos. (Uma charge da revista *New Yorker*, na mesma época, abordou a questão mostrando uma lápide em que se lia "John Smith, um dos que tomaram o placebo".)

Ou podemos lembrar as pesquisas de opinião pública sobre os resultados da próxima eleição presidencial. Elas sempre são acompanhadas da advertência de que "a margem de erro é de mais ou menos 2%". Estão querendo dizer que a previsão do resultado de uma eleição presidencial, seis meses antes de sua realização, só pode estar 2% errada? Fala sério! O que está em questão é o erro de *amostragem* (e só a níveis de significância convencionais, eles próprios arbitrários). Um erro provocado, por exemplo, pela revelação, dois meses mais adiante, de que um dos candidatos é um pedófilo ativo não será visto como parte do "erro". Com isso, qualquer um pode ver o conto do vigário que está sendo aplicado aqui. A advertência que fala de um "erro provável" de 2% é uma bobagem. Uma pequena porção de todos os erros que podem vir a afetar a previsão dos resultados de um acontecimento político futuro está sendo elevada à condição retórica de *O Erro*. "Minha teoria de amostragem é muito brilhante à luz do lampião de rua, então vamos procurar as chaves à luz do lampião, muito embora eu as tenha perdido no escuro." O que é preciso é tomar vergonha na cara.

A questão, aqui, é que bobagens dessa ordem dominam por completo a economia empírica. Num estudo de todos os artigos empíricos publicados pela *American Economic Review* nos anos 1980, descobriu-se que nada menos que 96% deles confundiam significância estatística e significância substantiva (ver *The Rhetoric of Economics*, 2ª ed., ou Stephen Ziliak e Deirdre McCloskey, "The Standard Error of Regression", *Journal of Economic Literature*, março de 1996; confiram no site JSTOR; estamos escrevendo um artigo[4] examinando essa mesma revista nos anos 1990; e temos más notícias: a prevalência do pecado só aumentou, em vez de diminuir).

O problema é que um número extraído de experiências do mundo pode ser economicamente importante, mas nem por isso livre de ruído. E também pode ser lindamente livre de ruído, mas não ter a menor importância.

Por um lado: é perfeitamente óbvio, vocês hão de convir, que um número "estatisticamente insignificante" possa ser altamente significativo para alguma finalidade humana. Se vocês quiserem realmente saber como o Tratado Norte-Americano de Livre Comércio (Nafta) afetou o trabalhador médio nos Estados Unidos,

4 "Size matters: the standard error of regressions in the American Economic Review" in *The Journal of Socio-Economics*, n. 33, 2004.

então sinto muito se só se encontram dados contendo algum ruído, *mas a questão não é essa*. Vocês querem realmente saber, querem muito. E precisam se virar com o que Deus lhes proporciona.

E, por outro lado: também é absolutamente óbvio que um resultado "estatisticamente significante" pode ser *insignificante* para qualquer finalidade humana. Quando vocês tentam explicar as altas e baixas do mercado de ações, pode ser que o ajuste (o chamado *fit*, indicando quanto os dados se alinham) seja bastante "próximo" para alguma variável arbitrária – digamos, o comprimento das saias[5] (houve um tempo em que a correlação foi bastante boa). *Mas isso não importa*: a variável é obviamente aleatória. O fato de ajustar-se ocasionalmente à curva em questão não tem a menor importância. Por muito tempo, na Grã-Bretanha, o número de licenças de radioamadores concedidas a cada ano apresentava uma correlação altíssima com o número de pessoas oficialmente declaradas como portadoras de doença mental. Muito engraçado. Mas e daí?

Em suma, a significância estatística não é necessária nem suficiente para que um resultado seja cientificamente significante. Na maior parte das vezes, inclusive, é irrelevante. Um pesquisador que a utilizasse, da maneira como ela é empregada na economia e nas outras ciências sociais, na medicina ou na biologia das populações (uma disciplina bem estranha), *estaria cometendo simplesmente um erro científico*. A significância estatística não é *um modo invariavelmente recomendável para avaliar se um número tem grandeza suficiente para ser levado em conta*. O que se leva em conta é o que é da conta da humanidade; os números contam, mas depois de coletados sua importância precisa ser finalmente decidida *por nós*; não existe uma importância *inerente* a um número.

A questão em jogo aqui é de senso comum. Não é sutil nem polêmica. Mas

5 Existem alguns artigos acadêmicos dedicados a estudar o efeito do comprimento da saia e recessões como "The Hemline and the Economy: is There Any Match?" de Marjolein van Baardwijk e Philip Hans Franses, 2010.

milhares de cientistas, e entre eles a maioria dos economistas modernos, mostram-se profundamente confusos com ela.

A física e a química, embora, é claro, altamente numéricas, quase nunca lançam mão da significância estatística (o que pode ser verificado por qualquer um: já fiz minha checagem na revista *Science*, por exemplo). Os economistas e esses outros a usam compulsivamente, mecanicamente, erroneamente, como se constituísse um modo incontroverso de decidir se um número é grande ou não. Mas ninguém pode agir assim. Nenhum teórico competente da área da estatística discorda de mim nessa matéria, desde Neyman e Pearson em 1933. *Não existe um procedimento mecânico que possa responder pelo último e crucial passo de uma investigação do mundo, descobrir Quanto em termos humanos significativos.*

Não quero argumentar contra a estatística no trabalho empírico, e tampouco contra a matemática no trabalho teórico. Argumento contra certas práticas muito particulares e peculiares à ciência econômica e outros poucos campos. A economia caiu no conto de se satisfazer com "resultados" qualitativos na "teoria", e "resultados" significantes/insignificantes no "trabalho empírico". A semelhança entre os dois procedimentos salta aos olhos. Ambos buscam achados binários que não exijam nenhuma investigação exaustiva de *Quanto*, de quão grande o grande precisa ser, do que seja uma variável importante, de qual é exatamente o tamanho do seu impacto. Ambos almejam máquinas de produzir artigos publicáveis. E nesse aspecto foram bem-sucedidos desde que Samuelson ousou falar da avareza intelectual em alto e bom som. A ciência ruim – que usa teoremas qualitativos sem densidade quantitativa e uma significância estatística *igualmente* desprovida de densidade quantitativa – vem impedindo o trânsito da boa.

O progresso da ciência econômica sofreu danos consideráveis. Não se pode acreditar em nada que tenha sido produzido com base em seus Dois Pecados. Numa só palavra. Nada faz sentido, e as gerações futuras de economistas terão de refazer todo esse trabalho. A maior parte do que é publicado nas melhores revistas de economia é uma bobajada sem nada de científico. O que acho indizivelmente triste. Todos os meus amigos, meus amigos tão queridos, no campo da economia só fizeram desperdiçar seu tempo. E vocês podem entender, assim, por que esses Dois Pecados me deixam tão agitada. São produções vigorosas, difíceis e exigentes como sofisticados problemas de xadrez. Mas não têm nenhum valor como ciência.

O físico Richard Feynman descrevia essas atividades como *"Cargo Cult Science"*. Membros de certas tribos da Nova Guiné prosperaram muito durante a Segunda Guerra Mundial quando os militares americanos aliviavam sua carga na ilha a caminho do combate contra os japoneses. Acabada a guerra, essas tribos queriam a volta da prosperidade, o que as fez dar início a esse "culto à carga". Com materiais locais, construíram arremedos de aeroportos e de aviões cargueiros. Com resultados incríveis: os aeroportos surgidos por força do *Cargo Cult* são de fato idênticos a aeroportos de verdade, e os aviões, boas imitações de aviões cargueiros. O único problema é que não são reais. Feynman definia as ciências de que não gostava como *Cargo Cult Sciences*, ou "ciências do culto da carga" (e visava, erroneamente a meu ver, a sociologia: aparentemente, não conhecia quantidade considerável de sociologia de boa qualidade, desligada da significância quantitativa, mas ainda assim devidamente quantitativa, empírica e teoricamente significativa, como, tempos atrás, a de C. Wright Mills). Escolhia defini-las como *Cargo Cult*

Sciences porque pareciam ciência, dotadas de todo o raciocínio matemático e de todas as estatísticas, além de usar palavras imensas; mas um trabalho efetivamente científico, de investigação efetiva do mundo, não estava sendo realizado.

E temo que a minha ciência da economia tenha chegado ao mesmo ponto. Paul Samuelson, embora tenha sido um homem esplêndido e um economista magnífico (falando sério), é um símbolo da inutilidade dos teoremas qualitativos. Samuelson, na verdade, é mais do que um mero símbolo – foi ele quem criou, ensinou e defendeu os Dois Pecados, a certa altura quase isoladamente. Teve uma postura corajosa. Mas o resultado foi pavoroso. Samuelson defendia um programa "científico" de produção de teoremas *qualitativos*, desenvolvendo funções geradoras de teoremas qualitativos (estou aqui fazendo uma piada particular para os conhecedores de estatística; ha, ha; é assim que funciona o humor dos economistas), tais como os modelos da "preferência revelada" e das "gerações sobrepostas", e acima de tudo a maquinaria da Max U. E também se envolveu (no fim das contas de maneira um tanto surpreendente) com a propagação inicial da testagem da significância, o método "científico" do trabalho empírico baseado na significância estatística (observação técnica: excluindo as funções de perda), através de seu primeiro aluno de doutoramento, Lawrence Klein (Nobel de 1980). Dois pecados, um só cientista.

Assim, é justo qualificar de samuelsonianos os dois pecados da economia moderna. O que é bastante similar à situação da linguística: o Grande Líder *deles*, no Massachusetts Institute of Technology (MIT), é Noam Chomsky. A abordagem mecânica que Chomsky promove da gramática, negando ferozmente qualquer aspecto pragmático e anulando assim as principais descobertas das humanidades ao longo do século XX, funciona como um bloqueio do progresso. O que também ocorre na economia. Até que esta pare de acreditar, contrariando os próprios princípios, que um almoço intelectual grátis pode ser obtido com o uso de teoremas qualitativos e da significância estatística, ficará presa ao solo na pista de um aeroporto de *cargo cult*, pelo menos em suas atividades de ponta desinteressadas em saber (Realmente) *Quanto*. Artigos teóricos e econométricos de ponta serão publicados. Várias carreiras serão construídas, muito obrigada. Muitos sujeitos notáveis (mas não mulheres) continuarão a conquistar cátedras em Princeton e em Chicago. Mas nossa compreensão do mundo econômico continuará mutilada por esses pecados cada vez mais difundidos, ramificados e horrendos.

Woe is me. Oy vey ist mir. Ai de mim. Piedade dos pobres economistas. Os pecados da economia se devem ao orgulho na formalização, à fabricação de grandes máquinas e monstros:

> *...e deu-me o nome de Pecado, e por sinal*
> *Portentoso me tomou; mas tornado familiar,*
> *Eu agradei, e com graças atraentes conquistei*
> *Os mais resistentes.*[6]

E piedade, repito, da pobre Deirdre, que parece condenada a continuar a apresentar esses argumentos, demonstrando com clareza cada vez maior que os dois métodos principais da economia acadêmica são absurdos, sem que ninguém acredite nela.

Cassandra, vocês sabem, era a mais bela das filhas de Príamo, rei de Troia. O

---

6 Ainda de *Paradise Lost* (1667), poema épico de John Milton sobre a Queda. Citação do Livro II: "*... and called me Sin, and for a sign/ Portentous held me; but familiar grown,/ I pleased, and with attractive graces won/ The most averse*". A tradução também é minha. [N.T.]

deus Apolo enamorou-se dela e a transformou em profetisa. Em troca, queria favores sexuais que, entretanto, ela se negou a dar. O que fez o deus lhe reservar uma terrível maldição. Já lhe tinha concedido o dom da profecia, o dom de saber, por exemplo, o que aconteceria a uma ciência que se recusasse a querer saber, seriamente, *Quanto*. Sua maldição foi acrescentar que, embora ela continuasse a fazer profecias certas, *ninguém acreditaria nela*.

Cassandra [*aos economistas troianos que propunham trazer o cavalo de madeira para dentro dos muros da cidade*]: Esse cavalo está recheado de soldados inimigos! Se deixarem que entre na cidade, a economia estará perdida! *Por favor*, não façam isso!

Principal Economista Troiano: Ah, certo. Estou vendo o que você quer dizer, Cassandra. Tem toda a razão. Soldados inimigos. Dentro dos muros. Perda da cidade. Teoremas qualitativos inúteis para a ciência. Significância estatística sem função de perda igualmente inútil. Ciência econômica destruída. *Muito obrigado* pela sua profecia. *Excelente* contribuição. Adoro o que você escreve. [*Virando-se para os colegas.*] Resolvido, rapazes, vamos trazer o cavalão pra dentro!

ÍNDICE ONOMÁSTICO

A

Anderson, Philip J. **46**
Arrow, Kenneth **22–24, 46**

B

Babbage, Charles **25**
Balzac, Honoré de **53**
Baudelaire, Charles **45**
Becker, Gary **8, 32, 34, 36, 39**
Bentham, Jeremy **32**
Bessemer, Henry **34**
Blaug, Mark **54**
Borges, Jorge Luis **53**

C

Cassandra **72–73**
Chomsky, Noam **71**
Coase, Ronald **39**
Colander, David **40**

D

Davis, Philip **51**
Defoe, Daniel **47**
Dickens, Charles **12–13**
Duhem, Pierre **43**

E

Emerson, Ralph Waldo **45**
Engerman, Stanley **36**
Escola de Chicago **7, 29, 45, 48**
Euler, Leonhard **17, 51**

F

Fischer, Stanley **22**
Feynman, Richard **70**
Fogel, Robert **36**
Friedman, Milton **8, 29**
Friedman, Thomas **29**

G

Goldbach, Christian **21**
Green, Jerry R., **54**

H

Heckscher, Eli **30**
Hersh, Reuben **51**
Hobbes, Thomas **31–32**
Hume, David **23, 32**

J

Johnson, Samuel **12**

K

Keynes, John Maynard **34, 41**
King, Gregory **11**
Klamer, Arjo **40**
Klein, Lawrence Robert **71**
Koopmans, Tjalling **61**
Krugman, Paul **46**

L

Lawrence, D. H. **45**
Lewis, Sinclair **53**
Lucas, Robert **8, 46**

M

Mandeville, Bernard **31–32**
Maquiavel, Nicolau **31, 34**
Marx, Karl **41, 48**
Mas-Colell, Andreu **54**
Mill, John Stuart **34**
Mills, Charles Wright **70**
Milton, John **55, 72**

P

Palmer, Robert **46**
Petty, William **11**
Poe, Edgar Allan **45**
Posner, Richard **8**

R

Rorty, Richard **16**

S

Sahlins, Marshall **35**
Samuelson, Paul Anthony **22–24, 32, 59, 60, 69, 71**
Schultz, Theodore **35**
Smith, Adam **11, 19–20, 28, 33–34, 41, 43, 47**
Soto, Hernando de **30**
Stigler, George **45**
Summers, Lawrence **23**

W

Waldfogel, Joel **14**
Whinston, Michael **54**
Whitman, Walt **45**
Wooldridge, Jeffrey M. **54**
Wylie, Lawrence **30**

Z

Zola, Émile **53**

SOBRE A AUTORA Deirdre Nansen McCloskey nasceu em 1942 em Ann Arbor, Michigan. Com PH.D. em economia pela Universidade Harvard, sua dissertação recebeu o prêmio David A. Wells em 1973. Junto com Milton Friedman, foi professora na Escola de Chicago entre 1968 e 1980, nos departamentos de economia e história. Em 1980, passou a lecionar economia, história, inglês e comunicação na Universidade de Illinois, em Chicago, até sua aposentadoria, em 2015. Paralelamente, foi professora convidada de economia, filosofia, história, inglês e artes e cultura na Universidade Erasmus de Rotterdam, de 2001 a 2006, bem como de história da economia na Universidade de Gothenburg, de 2009 a 2013, recebendo mais de seis títulos de doutora *honoris causa*.

Em 1995, Deirdre, aos 53 anos, abandonando definitivamente seu nome de batismo, Donald, completou sua transição de gênero. Desde então tornou-se feminista e defensora dos direitos LGBTTT. É autora de mais de dezessete livros, além de numerosos artigos e ensaios, sobre temas que vão de aspectos técnicos da economia ou da teoria da estatística até a luta pela igualdade e a crítica da ética burguesa. Entre seus livros mais famosos está *The Rhetoric of economics* (1985), a trilogia sobre a era burguesa e o enriquecimento pós-1800, *The Bourgeois Virtues* (2006), *Bourgeois Dignity* (2010) e *Bourgeois Equality* (2016), e o livro *Crossing: a Memoir* (1999), em que relata seu processo de transição.

COLEÇÃO EXIT

Como pensar as questões do século XXI? A coleção Exit é um espaço editorial que busca identificar e analisar criticamente vários temas do mundo contemporâneo. Novas ferramentas das ciências humanas, da arte e da tecnologia são convocadas para reflexões de ponta sobre fenômenos ainda pouco nomeados, com o objetivo de pensar saídas para a complexidade da vida hoje.

**COORDENAÇÃO
FLORENCIA FERRARI
MILTON OHATA**

LEIA TAMBÉM

24/7 – capitalismo tardio e os fins do sono
Jonathan Crary

*Reinvenção da intimidade –
políticas do sofrimento cotidiano*
Christian Dunker